신비롭고 재미있는 날씨 도감

SORA NO FUSHIGI GA SUBETE WAKARU! SUGOSUGIRU TENKI NO ZUKAN
© Kentaro Araki 2021
First published in Japan in 2020 by KADOKAWA CORPORATION, Tokyo.
Korean translation rights arranged with KADOKAWA CORPORATION, Tokyo
through Danny Hong Agency.
Korean translation copyright © 2022 by SEOSAWON co., Ltd.

이 책의 한국어판 저작권은 대니홍 에이전시를 통한 저작권사와의 독점 계약으로 서사원 주식회사에 있습니다. 저작권법에 의해 한국 내에서 보호를 받는 저작물이므로 무단전재와 복제를 금합니다.

아하! 그렇구나 - 초등 교양 지식 01

하늘에서 얼음이
떨어진다고?

비는 만두처럼
생겼단다!

수증기도
구름이라고!

신비롭고
재미있는
날씨
도감

무지개의 끝은
어디일까?

아라키 켄타로 지음 · 오나영 옮김 · 조천호 감수

스마트폰으로
눈을
찍을 수 있어!

서사원 주니어

시작하는 말

'하늘에 떠 있는 구름을 타 보고 싶어!' '무지개의 끝은 어떤 모양일까?' 하늘을 올려다보면 상상이 꼬리를 물고 이어져요. 하늘은 가깝고 익숙한 존재지요. 우리는 매일 뉴스에서 일기예보를 보지만, 막상 하늘에 대해 많이 알고 있지 않아요.

이 책에서는 하늘과 구름, 날씨에 관해 여러분이 많이 궁금해하는 점을 이해하기 쉽게 설명했어요. 또한 날씨에 대해 알아 두면 편리한 사실과 "아하, 그런 거였어!"라며 손뼉을 치게 될 만한 지식도 소개하고 있지요.

이 책을 읽는 모든 분이 하늘과 구름을 더 가깝게 느끼고, 날씨 현상을 잘 이해하고, 더욱 흥미롭게 느낄 수 있기를 기대합니다.

하늘과 구름, 무지개를 관찰할 때 태양을 맨눈으로 바라보면 매우 위험해요! 자칫하면 눈을 다칠 수도 있거든요. 선글라스를 쓰면 되지 않냐고요? 관측용이 아닌 일반 선글라스를 쓰면 적외선을 차단하지 못한답니다. 반드시 그늘진 곳에서 하늘을 올려다보고, 사물이나 건물로 태양을 가리면서 안전하게 관찰하세요.

캐릭터 소개

이 책에서는 기상에 관련된 귀여운 캐릭터들이 함께합니다!

파셀 군
공기 덩어리(air parcel). 더워지면 많은 양의 수증기를 마실 수 있다. 수증기를 많이 마시면 구름을 만든다. 때로는 강한 힘으로 몸을 움직여 바람을 일으키기도 한다.

적란운
상향성 기분과 하향성 기분을 모두 가진 인간적인 구름. 날씨를 잔뜩 흐리게 할 수 있다. 날씨가 흐려지면 사인을 보낸다.

난기와 냉기
따뜻하고 가벼운 난기와 차갑고 무거운 냉기. 이 둘이 만들어 내는 구름 이야기.

씨름 선수
비와 구름의 무게가 얼마나 무거운지 알려 준다.

구름 이야기에 함께 하는 입자들

수증기

구름 입자

비 입자

공기 중의 먼지
(에어로졸)

얼음 입자

눈 결정

구름 입자에 붙은 결정

싸라기

우박

다음 페이지부터 몇 개의 수증기(분홍색과 하늘색)가 등장하는지 세어 보세요! (정답은 p171에 있습니다.)

목차

시작하는 말 … 4
캐릭터 소개 … 5

CHAPTER 1 놀라운 구름 이야기

- 01 구름이 동물처럼 보이는 현상의 이름은? … 12
- 02 구름의 정체는 물과 얼음 입자! … 14
- 03 구름은 크게 10종류로 나뉜다 … 16
- 04 구름을 자세히 나누면 100종류가 넘는다! … 22
- 05 구름의 색은 빛이 결정한다 … 26
- 06 공기가 더러우면 구름이 생긴다? … 28
- 07 몽글몽글한 구름과 따끈한 된장국의 공통점 … 30
- 08 따뜻한 된장국에서도 구름을 볼 수 있다 … 32
- 09 봉우리구름의 진짜 이름은 웅대적운이다 … 34
- 10 적란운이 사람의 일생을 닮았다고? … 36
- 11 키 큰 적란운의 높이는 15km 이상일 때도 있다! … 38
- 12 적란운은 25m 수영장 1만 배의 물을 품고 있다 … 40
- 13 기다란 롤케이크 같은 구름의 정체는? … 42
- 14 UFO가 나타났다? 신비로운 모양의 구름들 … 44
- 15 구름에 뚫린 커다란 구멍의 비밀! … 46
- 16 바람 부는 날에 보이는 다양한 구름 … 48
- 17 비행운의 줄 개수는 비행기의 엔진 개수와 같다 … 50
- 18 땅에서 만들어지는 웅장한 구름들 … 52
- 19 로켓을 발사하면 구름이 만들어진다 … 54
- 20 안개의 정체는 지표면에 깔린 구름 … 55
- 21 구름으로 지진을 미리 알 수는 없다 … 56
- **COLUMN 1** 기상예보사는 무슨 일을 하지? … 58

CHAPTER 2 놀라운 하늘 이야기

- 22 무지개의 진짜 모습은 반원이 아닌 둥근 원이다 ··· 60
- 23 무지개의 끝자락에는 영원히 닿을 수 없다 ··· 62
- 24 무지개를 보기 위한 방법 ··· 64
- 25 7가지 색이 아닌 무지개도 있다 ··· 66
- 26 맑은 날에 만나는 하늘의 무지개 색 ··· 68
- 27 반대 방향이나 옆으로 퍼지는 무지개가 있다 ··· 70
- 28 태양인 듯, 태양이 아닌 것의 정체는? ··· 72
- 29 눈을 뗄 수 없게 아름다운 무지갯빛 채운 ··· 74
- 30 꽃가루 때문에 하늘이 무지개 색이 된다? ··· 76
- 31 무지갯빛에 둘러싸인 그림자의 정체는? ··· 78
- 32 하늘이 푸른 이유는 빛의 산란 때문이다 ··· 80
- 33 붉은 노을은 여행에서 끝까지 살아남은 색 ··· 82
- 34 가장 아름다운 붉은 하늘은 언제 볼 수 있을까? ··· 84
- 35 하늘을 오색빛으로 찬란히 수놓는 매직아워 ··· 86
- 36 세상이 아름다운 남색으로 물드는 블루모멘트 ··· 88
- 37 검붉은 태양은 공기가 오염되었다는 증거 ··· 90
- 38 붉은 달이 뜨는 이유는 무엇일까? ··· 91
- 39 사실은 자주 볼 수 있다? 그림 같은 빛내림! ··· 92
- 40 빛과 그림자가 만드는 마법 같은 풍경 ··· 94
- 41 태양이 언제나 둥근 것만은 아니다 ··· 96
- 42 사실은 이것도 신기루? 도로에서 보게 되는 땅거울 ··· 98
- COLUMN 2 세상에서 가장 간단한 무지개 만들기 ··· 100

CHAPTER 3 놀라운 기상 이야기

- 43 비 입자는 동글동글한 만두처럼 생겼다 ⋯ **102**
- 44 하늘에서 내리는 눈과 비의 입자는 모두 121종류! ⋯ **104**
- 45 눈 결정은 스마트폰으로 선명하게 찍을 수 있다 ⋯ **108**
- 46 여름에 내리는 비는 어디에서 오는 걸까? ⋯ **110**
- 47 게릴라성 호우의 원인은 적란운! ⋯ **112**
- 48 선상강수대는 적란운이 늘어서면서 만들어진다 ⋯ **114**
- 49 한여름에 하늘에서 얼음이 떨어진다! ⋯ **116**
- 50 우박의 단면은 나이테처럼 생겼다 ⋯ **118**
- 51 하늘로 솟아오르는 번개가 있다 ⋯ **120**
- 52 낙뢰는 어디에 떨어지는 걸까? ⋯ **122**
- 53 토네이도를 만드는 거대 적란운 슈퍼셀 ⋯ **124**
- 54 맑은 날 발생하는 회오리바람 ⋯ **126**
- 55 저기압이 고기압에 눌릴 때 바람이 분다 ⋯ **127**
- 56 서쪽에서부터 날씨가 흐려지는 이유 ⋯ **128**
- 57 태풍이 다가오는 가장 큰 이유 ⋯ **130**
- 58 인공강우로 날씨가 바뀔 수 있을까? ⋯ **132**
- 59 누구나 언제든지 우주에서 지구를 바라볼 수 있다 ⋯ **134**
- 60 우주에서도 확인할 수 있는 황사 ⋯ **136**
- 61 우주에서도 확인할 수 있는 산불 ⋯ **137**
- 62 기후를 변화시키는 지구온난화 ⋯ **138**
- 63 한반도에 폭염과 집중호우가 늘고 있다! ⋯ **140**

CHAPTER 4 놀라운 날씨 이야기

- 64 맑을 때 구름의 양은 얼마나 될까? … **144**
- 65 일기예보에서 사용하는 기온은 고도 1~2m이다 … **146**
- 66 1헥토파스칼은 오이 하나의 무게와 같다 … **147**
- 67 하루 중 기온이 가장 높은 때는 오후 2시 무렵 … **148**
- 68 비 냄새에도 이름이 있다 … **150**
- 69 강수확률 100%가 큰비를 의미하지는 않는다 … **152**
- 70 1시간에 내린 100mm 비의 무게는 얼마일까? … **154**
- 71 2m 적설량의 무게는 체구가 큰 씨름 선수 6명분! … **156**
- 72 태풍예보에서 원의 크기는 태풍의 크기가 아니다 … **158**
- 73 태풍이 온대저기압이 되면 바로 약해진다고? … **160**
- 74 날씨에 관한 거짓과 진실 … **162**
- 75 구름을 보면 날씨의 급변을 예상할 수 있다 … **164**
- 76 적란운의 등장을 예고하는 키워드 … **166**

맺는 말 … **168**
찾아보기 … **169**
퀴즈 정답 … **171**

놀라운 구름 이야기

하늘을 바라보면 언제나 볼 수 있는 친근한 존재, 구름을 소개할게요.
구름은 날씨를 결정지어요.
구름이 있어서 하늘은 아름답고, 우리의 생활은 풍요롭습니다.
이제 신비로운 구름 이야기를 하나씩 살펴볼까요?

구름이 동물처럼 보이는 현상의 이름은?

하늘에 떠다니는 구름을 바라보면서 "저 구름, 새랑 닮았네!" "저 구름은 토끼 같아!"라고 말해 본 경험이 있지 않나요? 이렇게 구름이 어떤 사물과 닮아 보이는 현상을 말하는 이름이 있어요.

바로 **파레이돌리아현상(변상증)**이에요. 심리 현상 중 하나로 전혀 관계없는 것에서 평소 익숙한 사물을 떠올리는 현상을 말해요. 파레이돌리아는 그리스어로 '착각하여 보이는 현상'이라는 뜻이에요.

구름이 사람의 얼굴처럼 보일 때도 있지요? 이것은 **시뮬라크르현상(유상현상)**이라 해요. 점과 선이 역삼각형으로 배열되어 있으면 뇌에서 이 모양을 사람의 얼굴로 판단하는 것을 말해요. 시뮬라크르는 영어로 '가짜'라는 뜻이랍니다. 나타날 리 없는 사람의 모습이 보이는 현상으로 대부분 심령사진은 이 현상으로 설명된답니다.

하늘에서 동물이나 사람의 얼굴을 닮은 구름을 찾아보면 하늘 보기가 더욱 즐거워질 거예요.

깨알 지식 구름은 상공의 바람과 공기 변화에 의해 시시각각 모양이 바뀝니다. 마음에 드는 구름을 발견했다면 바로 사진을 찍을 수 있게 스마트폰이나 카메라를 항상 준비하자고요!

토끼가 뛰놀고 있는 것처럼 보여요.

행운을 가져다줄 것 같은 무지갯빛을 띤 새!

스마트폰으로 찍을 때 렌즈로 인해 생긴 빛이 마치 용의 눈처럼 보이지 않나요?

사람의 얼굴을 닮은 구름. 어디가 눈이고 어디가 입일까요? 알아볼 수 있나요?

구름의 정체는 물과 얼음 입자!

뭉게뭉게 피어오른 하얀 구름에 올라타는 상상을 해 본 적 많지요? 안타깝게도 구름에 올라타는 일은 불가능해요. **구름에 올라가려고 한다면 우리의 몸은 구름을 통과해 땅으로 떨어지고 말 거예요.** 왜 그럴까요? 구름은 물과 얼음의 작은 알갱이들로 이루어져 하늘에 떠 있기 때문입니다. 구름 입자의 크기(반경)는 0.01mm 정도로 머리카락 두께(단면)의 5분의 1 정도밖에 되지 않아요.

구름 입자는 매초 수 mm~수 cm 속도로 낙하하고 있습니다. 하지만 하늘에는 훨씬 더 빠른 속도를 가진 상승기류(상공으로 솟아오르는 기류)가 많아서 구름 입자가 하늘에 떠 있을 수 있답니다.

물과 얼음으로 이루어진 구름을 구별하는 방법이 있어요. 뭉게구름은 대부분 물 입자로 이루어져 있고, 높은 하늘에 가늘고 매끄럽게 뻗어 있는 구름은 대체로 얼음으로 이루어져 있습니다. 구름의 모양을 살펴보고 물과 얼음 중 어떤 입자로 이루어졌는지 생각하면서 하늘을 여행하는 입자들을 바라봐 주세요.

깨알 지식 — '구름 속 상승기류를 타면 하늘을 날 수 있지 않을까?' 진지하게 상상해 본 적 있지 않나요? 적란운의 상부는 상승기류가 강해서 낙하산을 펼치면 공중에 떠 있을 수 있지만, 고도 10km 이상에서는 기온이 영하 수십 ℃가 된다고 하니 단념하는 게 좋겠죠?

구름 속 입자의 크기(반경) 비교

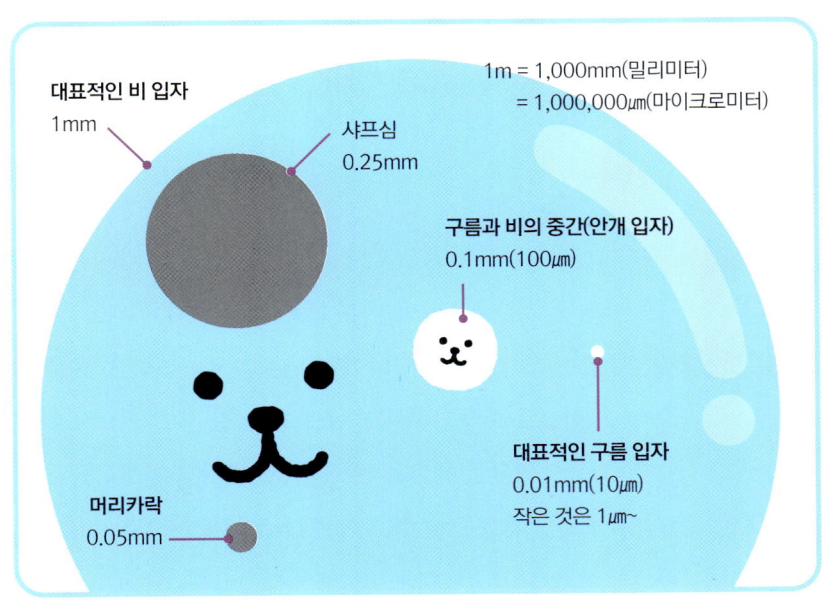

가늘게 펼쳐진 구름은
대체로 얼음으로 이루어져 있어요.

물로 이루어진 구름은
뭉게구름 모양을 띠어요.

구름은 크게 10종류로 나뉜다

여러분은 구름의 이름을 얼마나 알고 있나요? 모든 구름에는 각각의 이름이 있고, 크게 나누어 10종류로 구분해요. 이것을 **10종운형**이라 부른답니다.

구름은 모양과 떠 있는 높이에 따라 나뉘어요. 높이로 분류하면 높은 하늘, 중간 높은 하늘, 낮은 하늘로 나누고 각각 상층운, 중층운, 하층운으로 부릅니다. 또한 상층운은 **권운, 권적운, 권층운**으로 나뉘고, 중층운은 **고적운, 고층운, 난층운**으로 나뉘어요. 하층운은 **층적운, 층운, 적운, 적란운**으로 나눕니다 (p. 18~21).

작은 알갱이 같은 구름이 하늘에 가득 펼쳐져 있는
물고기구름(권적운).

가볍고 부드러워 마치
머리카락처럼 보이는
털구름(권운).

무럭무럭 성장 중인 **봉우리구름(적운 중 하나)**.

한 무리 양 같은
양떼구름(고적운).

낮은 하늘에 펼쳐지는
흐린구름(층적운).

이름에 '적(積)'이 붙은 구름은 뭉게구름 모양을 하고 위로 올라가는 건강한 구름이고, '층(層)'이 붙은 구름은 옆으로 펼쳐지는 얌전한 구름이에요. '란(亂)'이 붙은 구름은 날씨를 좌우하고 비와 눈을 내리게 할 수 있지요. 그 외에도 구름이 물로만 이루어져 있으면 물구름, 얼음으로만 이루어져 있으면 얼음구름, 물과 얼음이 섞여 있다면 혼합운으로 나누는 방법도 있답니다.

하늘에 구름이 있다면 이름을 불러 보세요. 친구 사이에도 이름을 부르면 더욱 가깝게 느껴지는 것처럼 구름이 더욱 친근하게 느껴질 거예요.

깨알 지식

마음에 드는 구름을 발견하면 이름을 붙여 보세요. '쑥쑥구름' '몽글몽글구름' '멍멍이구름'처럼 어떤 것이라도 좋습니다. 구름은 시시각각 모양을 바꾸고 금방 사라지지만, 직접 붙여 준 이름은 마음에 오래 남을 거예요.

10종운형 구름이 나타나는 고도와 구름 입자의 상태

10종운형 구름의 별명과 특징

	명칭	별명	고도	구름의 상태
상층운	권운	털구름, 새털구름, 갈고리구름	5~13km	얼음
	권적운	물고기구름, 비늘구름, 고등어구름		얼음/혼합
	권층운	엷은구름		얼음
중층운	고적운	양떼구름, 얼룩구름, 높쌘구름	2~7km	혼합/물
	고층운	높층구름		
	난층운	비구름, 눈구름	구름의 밑부분은 보통 하층에 위치한다. 구름의 꼭대기는 고도 6km 정도이다.	
하층운	층적운	밭고랑구름, 흐린구름	2km이하	
	층운	안개구름	지표면 부근~2km	
	적운	뭉게구름, 웅대적운	지표면 부근~2km, 웅대적운은 그 이상	
	적란운	뇌운	구름의 머리(꼭대기)는 고도 12km 이상 올라가기도 한다.	혼합

19

10종운형 구름의 모습

권운

높은 하늘에 나타나는 얼음 입자로 이루어진 차가운 구름. 털구름, 새털구름, 갈고리구름으로도 불려요.

고적운

양떼구름으로도 불리는 구름으로 다양한 모양을 띠어요. 권적운과 닮아 보이지만 구름 하나하나가 손가락 1~3개 정도 두께만 해요.

층운

하늘을 흐리게 하는 구름으로 밭고랑구름, 흐린구름이라고도 불려요. 바람을 타고 여러 모양을 띠어요.

지상에서 가장 가까운 하늘에 나타나는 구름으로 안개구름이라고도 불려요. 지면에 바짝 닿으면 안개가 되는(p.55) 얌전한 구름이에요.

층적운

권적운

높은 하늘에 알갱이나 물결 모양으로 펼쳐지는 작은 구름들. 물고기구름, 비늘구름, 고등어구름이라고도 해요.

권층운

높은 하늘을 다 덮을 듯이 퍼지는 구름. 얇은구름이라고도 불려요. 얼음 입자로 이루어져 있고, 태양과 달 주위에 햇무리가 나타나요(p.68).

난층운

비나 눈을 내리게 하기 때문에 비구름, 눈구름이라고도 불려요. 어두운색을 띠고, 구름의 밑부분이 불안정한 경우가 많아요.

고층운

높층구름으로도 불리는 구름으로 하늘을 넓게 덮어요. 태양 빛이 불투명한 유리를 통과하는 것처럼 부옇게 보여요.

적운

따뜻한 계절에 보기 쉬운 구름이에요. 뭉게뭉게 피어나서 뭉게구름이라고도 불려요. 구름의 밑부분은 평평한 모양을 띠어요. 이 구름이 높게 올라가면 봉우리구름(웅대적운)이라고도 불립니다.

적란운

높은 하늘까지 올라가는 구름으로 이 구름의 밑부분에선 천둥이 치고 억수 같은 비가 내려요. 뇌운이라 불리기도 하고, 재해를 일으키는 원인이 되기도 합니다(p.36~37, p.112~113).

구름을 자세히 나누면 100종류가 넘는다!

잔물결이 일렁이는 듯한 **파도구름**.

여유롭게 흩어져 있는 **송이구름**.

    10종운형에서 같은 종류로 분류되어도 모양이나 만들어진 원인은 다르기도 해요. 구름은 10종운형에 더해 동식물처럼 종과 변종, 그리고 부변종으로 나뉘어요.

    종은 구름의 모양과 내부 구조에 따라 15종류가 있어요. 여기에는 털 모양, 갈고리 모양, 농밀, 탑 모양, 송이 모양, 층 모양, 안개 모양, 렌즈 모양, 중간, 넙적, 봉우리, 웅대, 롤모양, 털보, 대머리가 있습니다.

    변종은 구름 하나하나가 배열된 모양과 투명도에 따라 9종류가 있어요. 이에 따라 늑골, 파도, 방사, 벌집 이중, 반투명, 틈새, 불투명으로 나뉩니다.

봉우리구름.
더 발달하면 웅대적운이 됩니다.

벌집처럼 보이는
벌집구름.

하늘을 뒤덮어 흐리게 하는
층상구름.

　부변종은 구름의 부분적인 특징으로 나눈 11종류와 다른 구름과 함께 만들어지는 구름 4종류가 있어요. 이외에 비행기구름을 포함하는 4종류의 **특수한 구름**도 있답니다. 다른 구름(**부모구름**)에서 파생하는 구름은 구름의 일부가 변화하고 성장한 **유전구름**, 구름 전체가 변화한 **변이구름**으로 나누는 방법도 있습니다.

　이 구름들을 조합하면 구름의 종류는 무려 100종류가 넘는답니다. 구름의 모양과 만들어진 원인에도 주목해 보세요.

깨알 지식
짧게라도 하늘을 바라보는 시간을 만들어 보아요. 물로 이루어진 물고기구름이 매끄러운 얼음으로 이루어진 털구름으로 변하는 등 구름은 잠깐 사이에 모양과 이름을 바꾼답니다. 눈앞에 흘러가는 구름이 어떤 이름을 갖고 있는지 이 책에서 확인해 보세요.

구름 분류표

기본형		종	변종	부변종	부모구름	
					유전구름	변이구름
상층운	권운	털구름 갈고리구름 농밀구름 탑구름 송이구름	얽힌구름 방사구름 늑골구름 이중구름	유방운 물마루구름 (파두운)	권적운 고적운 적란운 인공구름 (비행운)	권적운 인공구름 (비행운)
	권적운	층상구름 렌즈구름 탑구름 송이구름	파도구름 벌집구름	꼬리구름 유방구름 구멍구름	권운 권층운	권운 권층운 고적운 인공구름(비행운)
	권층운	털구름 안개구름	이중구름 파도구름	–	권적운 적란운	권운 권적운 고층운 인공구름(비행운)
중층운	고적운	층상구름 렌즈구름 탑구름 송이구름 롤구름	반투명구름 틈새구름 불투명구름 이중구름 파도구름 방사구름 벌집구름	꼬리구름 유방구름 구멍구름 물마루구름 (파두운) 거친물결구름 (너울구름)	적운 적란운	권적운 고층운 난층운 층적운
	고층운	–	반투명구름 불투명구름 이중구름 파도구름 방사구름	꼬리구름 강수구름 조각구름 유방구름	고적운 적란운	권층운 난층운
	난층운	–	–	강수구름 꼬리구름 조각구름	적운 적란운	고적운 고층운 층적운

> 공기의 흐름을 타고 잔잔한 파도구름을 이룬다 (p.22)!

구름의 분류 방법

종	구름의 모양과 내부 구조의 차이에 따라 나눈 것
변종	하나하나의 구름이 배열되는 방식과 투명도에 따라 나눈 것
부변종	부분적 특징에 따라 나뉜 구름과 다른 구름과 함께 발생하는 구름
부모구름	파생 구름을 만드는 구름
유전구름	일부의 변화로 다른 구름을 만드는 구름
변이구름	전체가 변화해 다른 구름을 만드는 구름

"이렇게나 구름의 종류가 많다니!"

기본형		종	변종	부변종	부모구름	
					유전구름	변이구름
하층운	층적운	층상구름 렌즈구름 탑구름 송이구름 롤구름	반투명구름 틈새구름 불투명구름 이중구름 파도구름 방사구름 벌집구름	꼬리구름 유방구름 강수구름 물마루구름(파두운) 거친물결구름(너울구름) 구멍구름	고층운 난층운 적운 적란운	고적운 난층운 층운
	층운	안개구름 조각구름	불투명구름 반투명구름 파도구름	강수구름 물마루구름(파두운)	난층운 적운 적란운 인공구름 (항적운 등) 삼림운 폭포운	층적운
	적운	넓적구름 봉우리구름 웅대적운 중간구름	방사구름	꼬리구름 강수구름 두건구름 면사포구름 아치구름 조각구름 물마루구름(파두운) 깔때기구름	고적운 층적운 화염구름 인공구름 (공장의 연기와 들에서 피운 불에 의해 만들어지는 구름)	층적운 층운
	적란운	대머리구름 털보구름		강수구름 꼬리구름 조각구름 모루구름 유방구름 두건구름 면사포구름 아치구름 월클라우드 테일클라우드 비버테일 깔때기구름	고적운 꼬리구름 난층운 층적운 적운 화재운 인공구름 (큰 화재에 의해 만들어지는 구름)	적운

'적란운 유전 불투명구름'처럼 조합하면 100종류 이상의 구름이 있다!

웅대적운과 적란운의 차이점은 무엇일까요(p.34)?

적란운에는 부변종이 많아요! 그중에는 날씨가 갑자기 변할 걸 예고하는 구름도 있답니다 (p.164).

CHAPTER 1
05

구름의 색은 빛이 결정한다

구름은 흰색이라고 많이 생각하지만, 어두운 회색이나 타는 듯한 붉은색, 혹은 무지개 색을 띠는 구름도 있어요. 이처럼 다양한 구름의 색은 빛이 결정합니다.

우리 눈에 보이는 빛을 **가시광선**이라고 합니다. 가시광선은 파장 하나의 길이에 따라 빨간색부터 보라색까지 색이 달라져요. 태양 빛은 이 모든 색이 섞였기 때문에 하얗게 보인답니다. 가시광선은 빛의 파장보다 입자가 커다란 구름에 부딪치면 색의 종류(파장)와 관계없이 사방으로 튀는 성질이 있습니다(미(mie)산란). 구름 속에서는 파장이 겹치고 색이 섞이면서 **구름을 하얗게 보이게 합니다**.

적운의 밑부분은 어두워서 회색으로 보여요.

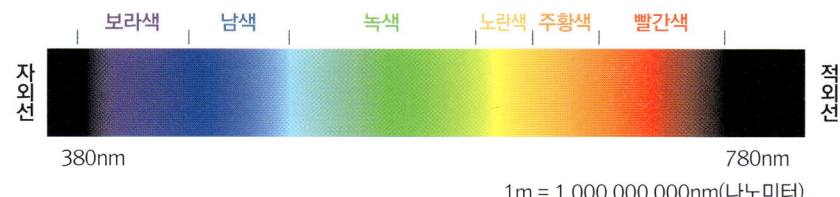

가시광선의 파장과 색의 관계

자외선 — 보라색 | 남색 | 녹색 | 노란색 | 주황색 | 빨간색 — 적외선

380nm   780nm

1m = 1,000,000,000nm(나노미터)

구름이 이렇게 황금색으로 물들기도 해요. 너무나 아름답죠?

마치 얼굴을 붉히는 것 같은 붉은 구름.

    비구름처럼 키가 큰 구름의 밑부분은 빛이 구름 안에서 모두 흩어져 버리고 약해지기 때문에 어두운 회색으로 보입니다. 아침이나 해 질 무렵에는 태양빛이 구름을 지나 우리의 눈에 도달하기까지 붉은색에 가까운 색들만 살아남기 때문에 구름도 붉은빛을 띠고요(p.82).

    구름은 대기 상태와 시간대에 따라 색이 크게 달라지므로 구름의 색 변화에도 주목해 보세요.

깨알지식 보이는 빛과 보이지 않는 빛을 통틀어 '전자파'라고 불러요. 태양에서 우리에게 도달하는 전자파에는 가시광선 말고도 피부를 검게 만드는 자외선과 따뜻한 물건을 만지지 않아도 열을 느끼게 해주는 적외선도 포함됩니다.

공기가 더러우면 구름이 생긴다?

하늘을 올려다보면 언제나 구름이 떠 있을 것 같지만, 먼지 하나 없을 정도로 대기가 맑은 날에는 구름이 거의 발생하지 않아요.

구름은 물과 얼음 입자가 모여 만들어져요. 이 입자들은 공기 중의 **수증기**(투명한 기체의 물)가 액체인 물과 고체인 얼음으로 바뀐 것입니다. 공기는 기온에 따라 함유할 수 있는 수증기의 양이 다릅니다. 수증기로 가득 차 있는 가장 적당한 상태가 바로 습도 100% 상태(**포화**)예요. 하지만 먼지 하나 없는 깨끗한 대기에서는 습도 400%가 되지 않는 한 물 입자가 만들어지지 않아요. 그런데 실제 대기에서는 이런 습도에 도달할 수 없습니다.

그럼 구름은 어떻게 만들어지는 걸까요? 구름 입자는 공기 중에 있는 눈에 보이지 않을 정도로 작은 입자(**에어로졸**)가 핵(**응결핵**)이 되어 습도 100%에서 만들어져요. 구름 속의 물 입자는 바다에서 나오는 소금과 동식물, 공장의 매연 등의 입자가 핵이 되어 생성되고 있는 거예요.

> **깨알 지식**
> 겨울에 숨을 내쉬면 하얀 숨이 보이는데 이것도 구름의 한 종류예요. 그런데 남극에서는 숨이 하얗게 보이지 않는다는 사실, 알고 있나요? 남극에는 사람과 동식물이 거의 없어 구름을 만드는 작은 입자가 매우 적어 핵이 되지 않아요. 그래서 구름이 만들어지기 어렵답니다.

구름 입자가 만들어지는 과정

공장에서 나오는 연기가 핵이 되어 구름이 만들어지는 모습.

배에서 나오는 연기로 만들어진 구름의 위성 사진. **항적운**이라고 불리며 배가 지나는 위치의 낮은 하늘에 구름이 만들어져요.

몽글몽글한 구름과
따끈한 된장국의 공통점

따끈한 된장국을 먹을 때 그릇을 놓고 잠시 바라보면 된장국 속 된장이 몽글거리며 위아래로 움직이는 모습을 볼 수 있어요. 이것은 **열대류**라 불리는 현상으로 솜털구름(적운)에서도 같은 현상이 일어난답니다.

열대류는 아랫부분이 뜨겁고 윗부분이 차가운 상황에서 온도 차가 커지면 발생하는 대기와 물의 흐름이에요. **상승기류**와 **하강기류**(아래로 향하는 기류)가 세포(cell)처럼 규칙적으로 나타나기 때문에 **셀(cell)상대류**라고 부르기도 한답니다. 열대류의 상승기류는 된장국에서 된장의 몽글거리는 모양으로 확인할 수 있고, 하늘에서는 솜털구름이 있는 장소에서 확인할 수 있습니다.

된장국이 식으면 온도차가 작아져 열대류도 사라집니다. 대기에서는 하늘의 위쪽으로 구름이 올라가 버리거나 해가 저물어 지상의 기온이 내려가면 솜털구름이 발생하지 않게 돼요.

이 점을 알아 두면 밥을 먹을 때 된장국을 바라보며 하늘을 상상하고, 하늘을 바라보면서 된장국을 떠올리게 될 거예요!

> **깨알지식** 무더운 여름 낮에 도로에서 먼 곳을 바라보면 도로 위 풍경이 흐물거리듯 보일 때가 있죠? 도로가 열로 뜨거워지면 열대류가 만들어지고 빛이 굴절되어 풍경이 아지랑이처럼 아른대는 거랍니다(p.98). 이처럼 우리 주위에서 발생하는 열대류를 찾아보세요.

열대류의 상승기류를 타고 몽글몽글 피어나는 구름들.

된장국을 프라이팬에 담아 열을 가하면 셀상대류를 선명하게 확인할 수 있습니다!

따뜻한 된장국에서도 구름을 볼 수 있다

된장국으로 배우는 구름 과학은 열대류로 끝이 아니랍니다. 뜨거운 된장국에서 피어오르는 김(수증기)도 구름이에요.

공기가 차가우면 품을 수 있는 수증기의 양이 줄어들어요. 공기 중에 수증기가 넘쳐 물 입자가 생기면 구름이 됩니다.

된장국이 따뜻하면 그릇 위쪽 공기는 따뜻하게 데워지겠죠. 이 따뜻한 공기 안에 국에서 증발된 수증기가 많아집니다. 따뜻해진 공기는 주위에 비해 가볍기 때문에 상승합니다. 이때 주위의 공기와 섞이면서 공기의 온도가 내려가고 수증기가 물 입자로 변하면서 눈에 보이게 되는 것이 바로 '김'이랍니다. 김은 주위의 건조한 공기와 섞여 금세 증발해 버리지만, 이렇게 김이 나는 건 **하늘에서 구름이 만들어지는 원리와 같습니다.**

김이 피어오르는 된장국에 불을 붙인 향을 가져다 대면 구름의 핵이 되는 입자(에어로졸)가 증가하기 때문에 김이 엄청나게 많이 서리게 됩니다. 이 '구름 발생 실험'은 커피나 차를 마실 때도 간단히 확인해 볼 수 있으니 꼭 어른과 함께 실험해 보세요.

> **깨알 지식**
> 집에서 찌개를 먹을 때보다 고깃집에서 찌개를 주문해서 먹을 때 유난히 김이 모락모락 더 많이 피어나지 않나요? 그건 고기를 구울 때 나오는 연기가 핵이 되어 김(구름)이 발생하기 쉬운 환경이 되기 때문이에요. 식당에서 볼 수 있는 김을 '고기구이구름'이라고 이름 붙여 볼까요?

이게 바로
피어오르는 된장국구름!

이것은 커피구름?!
'차구름'과 '라면구름'도 확인해 보세요.

맑고 무더운 여름날에 소나기가 내린 뒤 도로에 서린 김.
내린 비가 아스팔트 위에서 뜨거워지며 증발하면 된장국과
커피처럼 김이 피어올라요. 이것도 구름이랍니다.

봉우리구름의 진짜 이름은 웅대적운이다

봉우리구름(입도운)은 여름의 상징과도 같죠. 여름 하늘을 떠올리면 뭉게뭉게 피어오르는 하얀 구름이 생각나니까요. 봉우리구름은 종종 적란운으로 착각하기 쉽지만, 구름 과학에서 보자면 대부분 적운의 하나인 **웅대적운**으로 분류된답니다.

원래 '입도(入道)'라는 말은 불교에 입문하는 스님을 뜻하는 말이에요. 입도운이라는 이름의 유래는 부처님의 머리 모양과 닮은 데서 시작되었다는 이야기도 있습니다.

여름에는 먼저 낮은 하늘에서 적운이 만들어지고, 봉우리구름 → 웅대적운 → 적란운 순서로 성장해요. 만약 웅대적운의 위쪽에 머리카락 같은 실 줄기 구조가 나타나거나 번개를 동반한다면 적란운(털보구름)으로 분류합니다.

적란운은 머리털이 생기면서 부처님 머리 모양과는 다르게 변하기 때문에 입도운이라 부를 수 없어요. 더러 적란운 중에는 머리털이 없는 구름(대머리구름)도 있지만, 머리털이 없다고 해서 입도운이라고 할 수는 없어요. 입도운은 대부분 웅대적운이라 할 수 있어요. 여름 하늘에서 입도운처럼 보이는 구름을 발견한다면 머리카락이 있는지 확인해 보세요!

웅대적운과 대머리구름은 겉으로 구분할 수 없지만, 천둥이 치거나 구름 아래에서 우박이 내린다면 대머리구름이에요. 안전한 곳에서 구름 속 빛과 소리도 체크해 보세요.

봉우리구름을 보면 '아, 여름이구나!' 하는 느낌이 들어요.

털이 자라나 봉우리구름을 졸업한 **털보구름**.

구름의 윗부분이 편평해져 부드러운 느낌의 구름이 되었어요.

CHAPTER 1
10

적란운이 사람의 일생을 닮았다고?

혹시 적란운을 볼 때면 '어두워서 무서워.' '날씨가 화난 것처럼 느껴져.'라고 생각하시나요? 적란운은 사실 긍정적인 마음과 부정적인 마음을 모두 가진 인간적인 구름이에요.

적란운의 일생을 살펴봅시다. 대기 하층의 따뜻하고 습한 공기가 차가운 공기나 산 위로 올라가면서 적운이 생겨납니다. 공기는 어떤 높이를 넘어서면 혼자 힘으로 상승할 수 있게 돼요. 이때 구름이 생겨나면서 번개가 치거나 머리털이 생기면 적란운으로 이름이 바뀐답니다(p.34). 구름 속에 생겨난 하강기류가 상승기류를 소멸시키면 적란운은 점점 약해집니다. 하강기류는 곧 땅으로 내려가는데요, 이때 주위로 퍼지면서 다른 따뜻하고 습한 공기를 들어 올려서 적란운을 다시 만들어 내요.

적란운의 일생은 마치 사람의 일생과 닮았습니다. 긍정적인 사람이라도 부정적인 마음이 들 때가 있고 세월이 흐르면서 늙어 가기도 하는 점 등이요. 우리도 적란운처럼 언젠가는 다음 세대를 맞이해야 하는 때가 오겠지요?

깨알 지식 뭉게뭉게 피어오르는 구름은 상승기류를 가지고 있어요. 상승기류로 부족해진 공기를 원래 상태로 만들기 위해서 주위의 공기는 아래 방향으로 흘러요. 굉장히 활달한 사람과 함께 있으면 내가 반대로 침착해지고 차분해지는 것과 비슷하지 않나요?

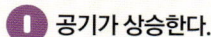

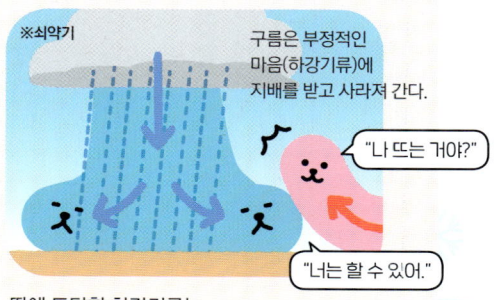

키 큰 적란운의 높이는
15km 이상일 때도 있다!

　적란운이 한계치까지 발달하면 더 이상 위로 올라가지 못하고 옆으로 퍼지게 되는데요, 이 구름을 **모루구름**이라고 부릅니다. 모루구름의 높이는 15km 정도가 되기도 해요.

　적란운은 **대기 상태가 불안정할 때** 만들어집니다. 불안정한 상태란 대기의 아랫부분이 따뜻하고 윗부분이 차가운 상태인데요(p.166), 이때 공기가 상승하기 쉬워집니다. 반대로 대기의 아랫부분이 차갑고 윗부분이 따뜻하면 밑에 있는 공기는 위로 올라가기 어려워져 대기가 안정됩니다.

　불안정한 정도에 따라 구름의 가장 높은 지점이 다르게 만들어져요. 대기가 무척 불안정한 상태일 때는 고도 수십 km의 **대류권**과 그 위 성층권의 경계인 **대류권계면**까지 적란운이 올라가기도 한답니다.

　적란운은 강한 상승기류로 한계치를 넘어 성층권으로 머리를 조금 내미는 때**(오버슛)**도 있는데요, 이때 모루구름 위로 뭉게구름이 나타나요. 키가 큰 적란운은 200km 이상 떨어진 곳에서도 볼 수 있습니다. 적란운이 떠 있는 하늘은 평소보다 더 높게 느껴질 수도 있어요.

위쪽으로 오버슛이 나타난 모루구름.

물이 가득 찬 욕조에서 샤워기를 위로 향하게 넣고 물을 틀면 수면 위로 물이 넘쳐 오르는 모양과 닮았습니다.

'모루구름'이라는 이름은 대장간에서 사용하는 연마대와 모양이 비슷한 데서 유래했어요.

고도에 따른 기온의 변화

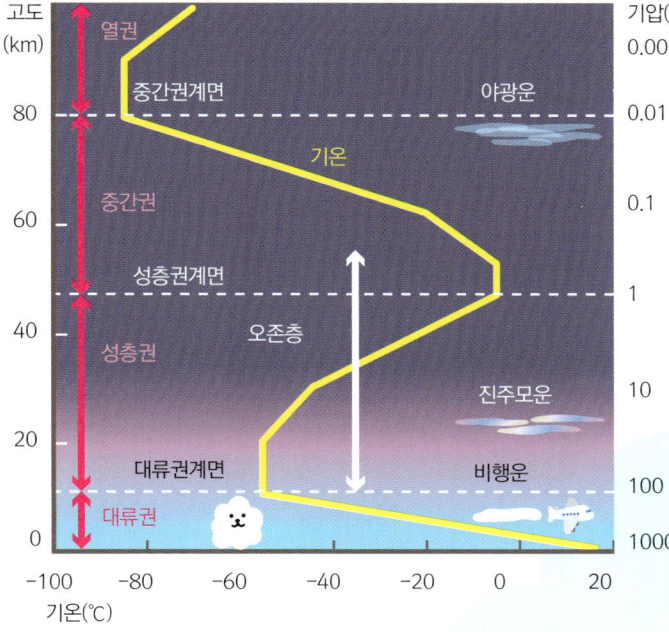

대류권계면의 높이는 지역(위도)과 계절에 따라 변하고, 적도 부근으로 갈수록 높아집니다. 성층권 위로는 중간권, 열권이 있고, 고위도 지역의 성층권에서는 진주모운, 중간권에서는 야광운(p.54)이라고 하는 특수한 구름도 나타납니다.

적란운은 25m 수영장 1만 배의 물을 품고 있다

CHAPTER 1
12

멀리서 바라본 적란운은 정말 아름답죠? 하지만 적란운 바로 아래 지역에는 천둥 번개가 치고 거센 비가 내린답니다. 이처럼 거센 비를 내리게 하는 적란운은 무려 **25m 수영장(폭 16m, 깊이 1.5m) 1만 배**에 달하는 물을 품고 있어요.

기상레이더는 비구름과 눈구름의 위치와 움직임을 관측하는데요, 구름 속의 비와 눈 입자의 양을 관측하고 이를 이용해 비의 세기를 추정합니다. 레이더를 사용해서 매우 커진 적란운 하나에 모여 있는 물의 양을 연구했더니 최대 600만t의 물이 포함되어 있다는 결과가 나왔어요. 이는 25m 수영장 물의 양인 600t의 1만 배와 같답니다. 일반 가정의 욕조(수량 200kg)를 예로 들면 3,000만 배가 되니, 정말 엄청나죠?

하늘에 떠 있는 적란운 속에 엄청난 양의 물이 들어 있는 모습을 상상해 보면 구름은 우리가 가장 쉽게 볼 수 있는 대자연이라는 말을 실감하게 됩니다.

깨알지식

적란운의 수명은 30분~1시간 정도로 짧아요. 그래서 구름 속에서 성장한 비와 구름을 레이더로 관측한 뒤에 거센 비를 조심하라고 발표하면 이미 늦을 때가 많아요. 지금은 구름이 되기 전 수증기를 관측해서 더 정확하게 예측하는 연구가 진행되고 있답니다.

한계치까지 발달한 뒤 **모루구름**이 생긴 적란운.

비가 많이 내릴 때는 비가 구름과 하늘을 잇는 기둥처럼 보이기도 해요.

적란운의 아래 지역에는 천둥과 함께 거센 비가 내리고 있어요.

CHAPTER 1

13

기다란 롤케이크 같은 구름의 정체는?

낮은 하늘에 기다란 롤케이크 같은 구름이 보일 때가 있지요? 이런 롤케이크 모양의 구름은 작은 **전선** 위로 나타나요. 전선이란 성질이 다른 공기 덩어리(**기단**)의 경계를 말해요.

돌풍전선(거스트프론트, gust front)은 적란운의 차가운 하강기류가 땅에 도달해서 퍼질 때 만들어져요. 이 돌풍전선 위로 발생하는 구름이 바로 **아크클라우드**(아크구름, 아치구름)예요. 위에서 보았을 때 현(arc) 모양을 하고 있어서 이렇게 부른답니다. 이 구름이 지나갈 때는 돌풍이 생기므로 주의해야 해요.

해안가에서는 바다에서 육지로 부는 **해풍**과 육지에서 바다로 부는 **육풍**이 부딪치는 전선을 따라 매우 긴 롤케이크 모양의 구름이 발생할 수 있어요. 호주의 카펜테리아만에서는 **모닝글로리클라우드**라는 구름도 볼 수 있습니다. 이 구름은 길이가 1,000km(대략 대한민국 서울에서 일본 도쿄까지의 거리) 이상이 될 때도 있다니, 꼭 한번 보고 싶은 구름이네요.

깨알 지식

한국에서는 대구에서 모닝글로리클라우드와 비슷한 롤케이크 모양의 구름이 나타난 적이 있어요. 이 구름은 북쪽에서 찬 공기가 내려오면서 산맥을 타고 넘어가, 남쪽의 폭넓고 따뜻한 공기와 부딪치면서 만들어졌답니다.

돌풍전선 위에 아크클라우드가 나타났어요.
우리 앞으로 다가오는 듯한 모습이지 않나요?

아크클라우드의 생성 구조

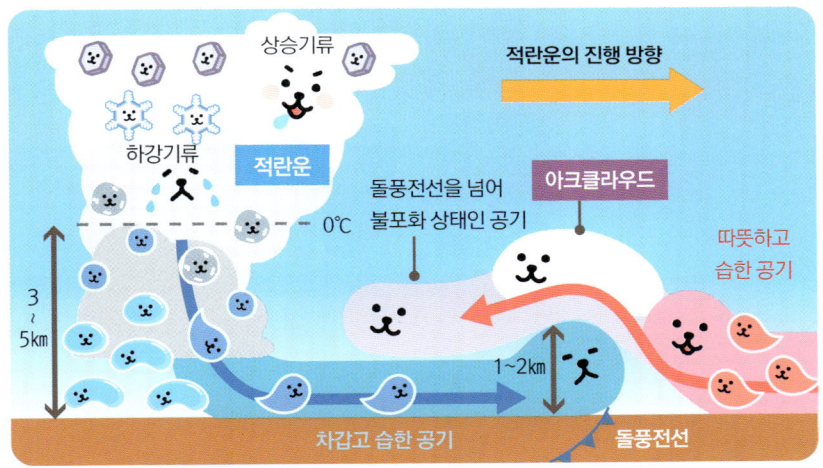

적란운에서 흘러나온 냉기는 돌풍전선을 만들고, 따뜻하고 습한 공기를 들어 올려 아크클라우드가 만들어집니다. 돌풍전선을 넘은 공기는 불포화 상태가 되어 구름이 사라지기 때문에 아크클라우드는 돌풍전선의 앞머리에서만 볼 수 있습니다.

호주의 카펜테리아만에 생긴 모닝글로리클라우드. 이 구름은 상승기류를 가지고 있어서 글라이더들에게 인기 스폿이라고 합니다.

UFO가 나타났다?
신비로운 모양의 구름들

 구름은 매우 다양한 모양을 띱니다. 그중에는 UFO(미확인비행물체)처럼 보이는 구름도 있어요. 때로는 흰 돌고래나 버섯, 솜사탕, 열기구처럼 보이기도 하죠.

 UFO처럼 보이는 구름의 이름은 **회전구름**입니다. 산을 넘어가는 기류에 의해 발생하는 렌즈 모양 구름(**렌즈구름**)이죠. 공기가 산을 넘어갈 때 산에서 부는 내리바람에 의해 공기가 위아래 방향으로 물결치면 대기에 파동이 생기고 높은 하늘까지 이 파동이 전달됩니다.

히말라야나 일본 후지산에 걸린 **삿갓구름**은 환상적이에요.

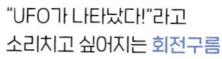

"UFO가 나타났다!"라고 소리치고 싶어지는 회전구름.

삿갓구름과 회전구름의 생성 원리

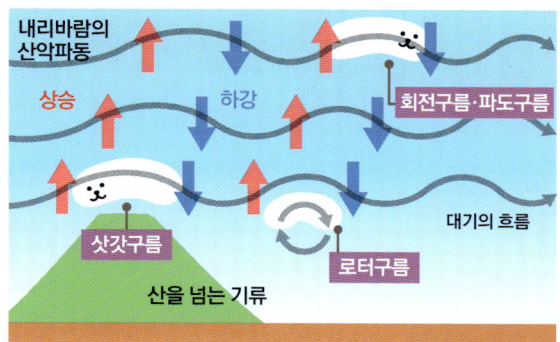

공기가 산을 넘으면 산에서 부는 내리바람에 의해 대기에 파장이 생겨요(내리바람의 산악파동). 이때 산 정상에는 삿갓구름이 생기고, 상공에 전달된 파동에 의해 회전구름이 만들어집니다. 산이 겹겹이 이어지는 곳이라면 회전구름은 파도구름(p.22)이 되기도 해요. 산에서 내리바람이 부는 낮 시간, 하늘에서는 로터구름이라 불리는 띠 모양의 구름이 생성되기도 합니다.

삿갓구름의 분류표

단층삿갓	이층삿갓	부양삿갓	차양삿갓	고리삿갓
굽은삿갓	깨진삿갓	앞치마삿갓	파도삿갓	가로줄삿갓
목도리삿갓	흰목도리삿갓	퍼진목도리삿갓	소용돌이삿갓	분출삿갓
원톤삿갓	물결삿갓	볏삿갓	렌즈삿갓	뽕나무삿갓

회전구름의 분류표

타원	물결	한쌍
파동	제비	회전
원통	사발	소용돌이
뽕나무	종석	경석

공기는 파동을 타고 위아래로 움직이기 때문에 공기가 파동에 실려 있을 때 구름이 만들어져요. 파동에서 벗어나면 구름이 사라지고, 파동이 산에 닿는 부분에서 구름이 생기죠. **회전구름**은 높은 하늘의 강한 바람을 타고 만들어지기 때문에 뭉게구름 모양이 아닌 실이 감긴 듯한 모양을 띱니다. 산꼭대기에 걸리는 렌즈 모양 구름은 **삿갓구름**이라 불리기도 해요.

회전구름을 가까이에서 보면 그 모습에 압도되고 맙니다. 회전구름은 날씨가 흐려질 때 나타나는 경우가 많아요. 이 구름을 보게 된다면 일기예보를 확인하는 것이 좋아요.

CHAPTER 1
15

구름에 뚫린 커다란 구멍의 비밀!

때때로 구름은 우리에게 매우 신기한 풍경을 보여 주곤 해요. 그중 하나가 구름에 커다란 구멍이 있는 **구멍구름**이에요.

구멍구름은 기온이 낮은 높은 하늘에 생기는 권적운(물고기구름)에 나타나기 쉬워요. 권적운은 사실 0℃ 이하에서도 액체 상태가 유지되는 **과냉각**된 물 입자들이에요. 물은 0℃에서 얼음으로 변한다고 알고 있을 텐데요, 하늘에서는 얼음이 되기 위해 필요한 먼지(에어로졸)가 적기 때문에 물 입자가 좀처럼 얼지 않아 과냉각 상태로 있는 것이랍니다.

공기의 움직임이 활발해지는 등 어떤 계기로 인해 권적운에 얼음 입자가 생기면 얼음이 더 커지기 위해 주위의 수증기를 사용해요. 이때 부족해진 수증기를 보충하기 위해 과냉각된 물 입자가 증발하면서 구멍이 점점 커진답니다.

구멍구름의 한가운데에서는 얼음 입자가 성장하고 눈이 되어 떨어져요. 이 눈이 도중에 증발하면 꼬리처럼 보이는 **꼬리구름**이 됩니다. 하늘에 권적운이 넓게 펼쳐져 있고 조금이라도 아지랑이가 피어나듯 꼬리구름이 보인다면 구멍구름을 볼 수 있는 기회랍니다.

깨알 지식 구멍구름의 매력은 '물의 3가지 얼굴'을 모두 볼 수 있다는 점이에요. 구름을 만드는 물이 액체에서 기체가 되고, 기체에서 고체가 되면서 구멍이 커집니다. 물 입자가 모양과 상태를 끊임없이 바꾸는 거죠(물의 상변화).

구름에 구멍이 뻥 뚫린 듯 보여요.

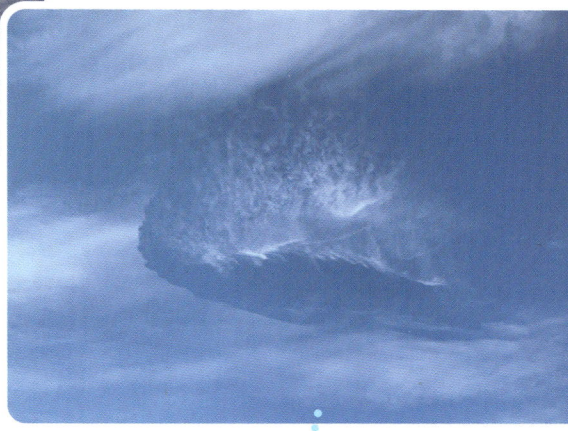

빠른 속도로 퍼져 가는 구멍구름.

작은 구멍이 많은 구름.

구멍구름의 생성 원리

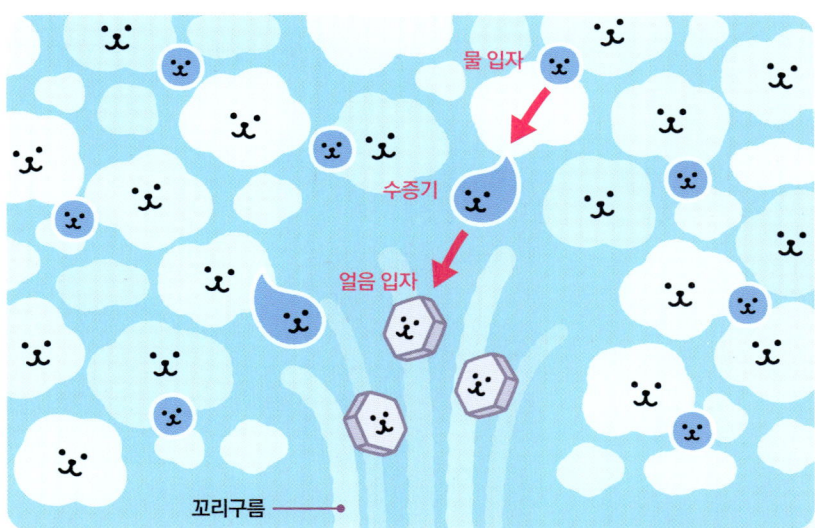

물 입자 / 수증기 / 얼음 입자 / 꼬리구름

우리는 물이 0℃에서 얼음이 되는 것으로 알고 있죠. 하지만 대기 중에 얼음 입자가 되기 위한 핵이 적기 때문에 온도가 낮은 하늘에 나타나는 권적운과 고적운은 얼음이 아닌 과냉각된 물 입자로 이루어져 있습니다. 이들은 하나의 얼음 입자가 생성되고 나면 급속히 얼음구름으로 변합니다.

47

CHAPTER 1

16 바람 부는 날에 보이는 다양한 구름

구름은 주위 환경에 휩쓸리기 쉬운 성격을 갖고 있어요. 바람에 밀려 그 모양이 금세 바뀌어 버릴 정도죠.

예로 들면 **렌즈구름**(p.44)이 있습니다. 실패에 실이 감긴 듯한 모습을 보면 구름이 높은 하늘의 강한 바람을 타고 있는 걸 알 수 있어요. 그 외에도 옆으로 퍼진 구름층과 그 위의 공기층의 바람의 세기가 다를 때 일어나는 **켈빈-헬름홀츠 불안정**이라는 현상이 있어요. 물리학자의 이름에서 유래한 이 현상으로 물마루구름이 나타나기도 해요. 물마루구름은 **파두운**이라고도 불리고, 라틴어로 파도라는 뜻인 **프렉터스**로 불리기도 합니다(p.24~25).

상공의 강한 바람으로 렌즈 모양이 된 구름.

하늘에 그림이라도 그려 놓은 것 같은 **말굽소용돌이구름**이에요.

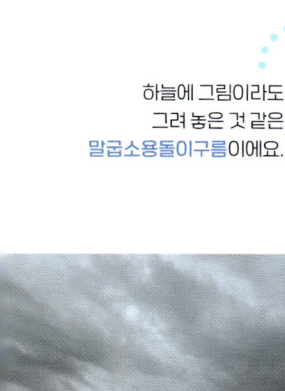

이름처럼 사납게 요동치는 **거친물결구름**.

물결치는 듯한 **물마루구름**.

    뭉게구름(적운)이 사라지는 순간, 구름의 상승기류와 하강기류로 만들어진 소용돌이에 의해 남은 구름이 그 자리에 고이면서 말발굽 모양 구름(**말굽소용돌이구름**)이 되기도 해요. 비구름이 가까이 있을 때는 구름의 밑부분이 물결치듯 보이는 **거센물결구름**이 하늘의 파도를 타고 태어나죠. 거센물결구름은 라틴어로 거센, 성난을 뜻하는 **아스페리타스**라고 부르기도 하고, **너울구름**이라고 하기도 해요.

    마치 순수하고 고분고분한 구름이 자신의 몸으로 우리에게 하늘의 공기 흐름을 알려 주는 것 같지 않나요? 구름을 통해 바람의 움직임을 느껴 보세요.

개알 지식 구름의 이름은 세계기상기구(WMO: World Meteorological Organization)가 발간하는 '국제구름도감(International Cloud Atlas)'에 정해져 있고, 모두 라틴어로 이름 붙여져 있어요. 옛날 학술 논문이 영어가 아닌 라틴어로 쓰여 있기 때문이지요.

CHAPTER 1

17

비행운의 줄 개수는 비행기의 엔진 개수와 같다

푸른 하늘을 가로질러 뻗은 하얀 비행기구름 한 줄. 정말 그림 같은 풍경이 죠? 그런데 비행운의 줄 개수가 비행기 엔진의 개수와 같다는 사실을 알고 있 나요?

비행운은 기온이 낮은 높은 하늘에서 발생하고, 인간 활동으로 만들어지는 **인공구름**으로 분류하자면 특수 구름에 속합니다. 비행기의 엔진에서 나오는 배기가스는 300~600℃로 굉장히 온도가 높아요. 이 배기가스가 온도가 낮은 주위 공기와 만나면서 급격히 온도가 떨어지는데요, 이때 엔진 바로 뒤로 엔 진 개수만큼 비행운이 만들어지는 거랍니다.

하늘의 습도가 높을 때는 비행기 날개 주위에서 공기의 소용돌이가 만들어 져요. 이 때문에 기압이 낮은 부분이 생겨나면서 공기의 온도가 떨어진 날개 주변에서 비행운이 만들어지기도 합니다.

비행운은 하늘이 건조할 때는 발생하지 않고, 습도가 높을수록 오랜 시간 성장해요. 구름이 10분 정도 하늘에 남아 있다면 권운(털구름)으로 분류되고, 권적운이나 권층운이 되기도 한답니다. 하늘에 오래 남는 비행운은 서쪽에서 부터 날이 흐려질 때나(p.128) 습도가 높은 하늘에서 만들어지기 쉬워요. 또 한 비행운이 오래 남아 있으면 곧 비가 내릴 거라고 예상하기도 해요.

> **깨알 지식**
> 해가 뜨기 전이나 해가 진 뒤 짧은 시간에 비행운이 만들어지면 빨간빛이 구름을 물들 여 마치 별똥별의 꼬리처럼 보일 때가 있어요. 이 모습을 본 사람이 깜짝 놀라 천문대에 문의를 한 적이 있다고 하네요.

위에서부터 순서대로 엔진이 2개, 3개, 4개인 비행운과
비행기 날개 뒤로 생긴 비행운의 모습.

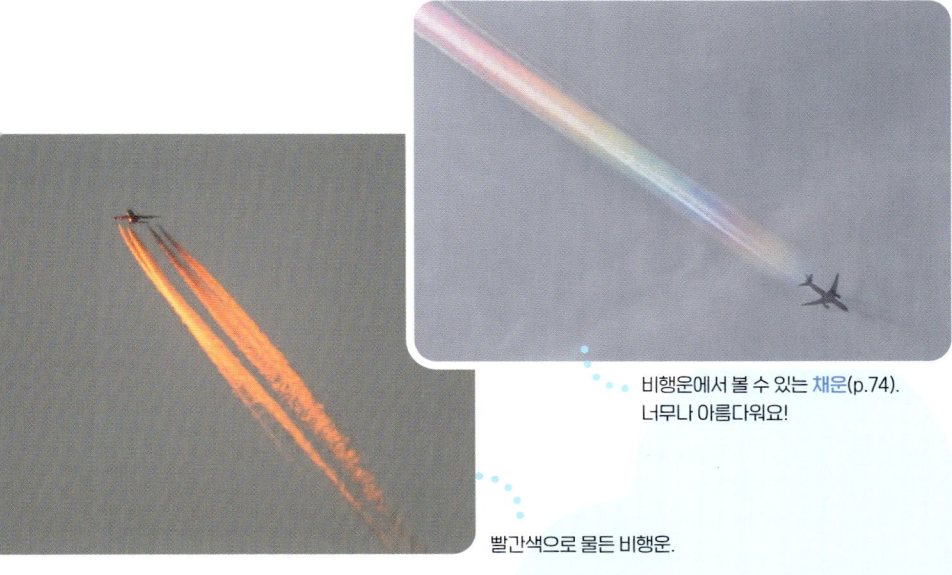

비행운에서 볼 수 있는 채운(p.74).
너무나 아름다워요!

빨간색으로 물든 비행운.

CHAPTER 1

18 땅에서 만들어지는 웅장한 구름들

된장국과 커피, 욕조에 받은 물에서 피어오르는 김(수증기)도 실은 구름의 한 종류인 것처럼(p.32), 일상생활 속에서도 여러 구름을 만날 수 있어요. 구름은 의외의 장소에서 만들어지기도 하거든요.

그중 하나는 폭포에서 만들어지는 **폭포운**이에요. 폭포운은 라틴어로 폭포라는 뜻을 가진 **카타락타**라고 불리기도 해요. 이 구름은 폭포의 물줄기 흐름 때문에 공기가 밀려 나가면 하강기류가 만들어지고 공기가 부족해지는데요, 이때 부족해진 공기를 되돌려 놓으려는 상승기류에 의해 만들어져요. 폭포에서 뿜어나오는 물보라가 그대로 구름이 되기도 한답니다.

숲에서 발생하는 **삼림운**은 라틴어로 '숲'이란 뜻인 **실바**로 불리기도 해요. 식물이 호흡(증발산)하면서 생기는 수증기가 너무 많을 때 만들어집니다. 공기가 매우 습할 때는 공장 굴뚝에서 나오는 매연이 그대로 구름이 되기도 하고, 대규모 산불이나 화산이 분화하면서 발생하는 상승기류로 인해 구름(**화재운**)이 만들어지기도 해요.

이 구름들은 특수한 구름으로 분류되고, 특정 장소와 조건에서 발생하기 때문에 때와 장소를 잘 맞춘다면 볼 수 있습니다.

깨알지식 따뜻한 욕조 물에서 피어오르는 김을 지그시 바라보면 마치 살아 있는 것처럼 아른거리며 움직이는 것을 볼 수 있어요. 구름 속에서도 공기가 서로 섞이면 욕조에서 피어오르는 김처럼 아른거리며 움직인답니다. 따뜻하게 피어나는 김을 바라보며 하늘의 구름을 떠올릴 수 있다니, 왠지 모르게 즐겁지 않나요?

폭포에서 만들어지는 웅장하고 큰 **폭포운(카타락타)**.

숲에서 왕성하게 태어나는
삼림운(실바).

들불(추수를 마친 들에서 짚이나 마른 가지,
풀을 태우는 일)로 생기는 **화재운**.

CHAPTER 1
19 로켓을 발사하면 구름이 만들어진다?

일본 가고시마 현에서 촬영한 **로켓구름**.

핀란드의 **야광운**. 자연이 만들어 내는 야광운은 밤하늘에서 은빛과 푸른빛으로 빛나요.

밤하늘을 가로지르는 용 모양의 반짝이는 구름은 로켓이 발사될 때 만들어지는 **로켓구름**이에요. 로켓구름은 야광운 중 하나입니다.

야광운은 여름에 위도가 높은 지역에서 해 뜨기 전과 해가 진 뒤 어두운 하늘에서 볼 수 있는 빛나는 구름이랍니다. 야광운은 하늘에서 온도가 가장 낮은 고도 75~85km에 나타나며(p.39), 지구 상의 구름 중 가장 높은 하늘에서 만들어지는 구름이에요.

야광운은 발사된 로켓의 배기가스가 먼지(핵)가 되어 중간권에서 만들어지기 때문에 밝은 낮 시간에는 볼 수 없어요. 해가 뜨기 전이나 해가 진 뒤 밤하늘에서만 볼 수 있답니다.

깨알 지식 우리나라에는 전라남도 고흥에 나로우주센터가 있어요. 맑고 구름이 없는 날 나로우주센터에서 로켓을 발사한다면 하늘을 관측해 보세요. 야광운을 볼 수 있을지도 몰라요!

안개의 정체는 지표면에 깔린 구름

'구름은 하늘에 떠 있으니까 실제로 만져 보는 건 어렵겠지?'라고 생각하실 텐데요, 기쁜 소식이 있어요. **안개**란 사실 땅에 깔린 구름(층운)이랍니다. 안개에는 맑은 날 밤에 땅의 열이 하늘로 날아간 뒤 기온이 낮아지면서 생기는 **복사무**, 차가운 바다에 따뜻하고 습한 공기가 흘러들어 생기는 **이류무(해무)**, 겨울철에 따뜻한 땅과 물에 차가운 공기가 흘러들어 생기는 **증기무** 등 몇 가지 종류가 있어요. 땅 위에서 볼 수 있는 안개는 구름과 물리적으로 똑같습니다. 안개 속에서 구름을 느껴 보세요. 습한 공기가 자욱하게 끼어 눈앞의 모든 것이 희미해 보이죠? 이것도 훌륭한 체험이랍니다.

해무

복사무

증기무

안개에 싸인 마을을 높은 건물에서 바라보면 멋진 구름이 바다를 이룬 것 같은 풍경을 만날 수 있어요.

깨알 지식 안개 중에서도 복사무는 매우 예측하기 쉬운 안개예요. 비가 그치고 맑게 날이 개는 밤에 나타나기 쉽답니다. 짙은 안개주의보가 발표되었다면 다음 날 아침에는 안개를 보게 될 가능성이 높아요.

CHAPTER 1
21 구름으로 지진을 미리 알 수는 없다

큰 지진이 발생하면 "하늘에 지진운이 보였어!"라는 소문이 돌기도 하지만, **구름으로 지진을 예측할 순 없어요.**

종종 지진운으로 불리는 하늘에 서 있는 듯한 가늘고 긴 구름이 있어요. 땅에서 하늘로 수직처럼 보이는 이 비행운은 실제로 구름이 하늘로 올라가는 게 아니라 같은 높이에서 평평하게 이어지는 거예요.

그 외에 물결 모양의 구름과 회전구름, 해가 질 때와 뜰 때의 하늘, 붉은 달 등으로 지진을 미리 알 수 있다고 착각하기도 해요. 그러나 이것은 모두 구름 과학으로 설명할 수 있는 현상이랍니다.

이쪽으로 날아오는 비행기의 비행운은 하늘로 솟아오르는 것처럼 보여요.

'!(느낌표)' 모양을 한 비행운.
이쪽에서 멀어지는 비행기의 비행운은
하늘에서 떨어지고 있는 것처럼 보여요.

고적운과 푸른 하늘의 경계가 정확히 나뉘어 있는 하늘. 푸른 하늘의 공기가 건조한 상태이므로 구름과의 경계면이 선명히 나뉘어요.

하늘의 색이 선명하게 나뉘는 현상을 반부채살빛현상(반박명광선)이라 해요(p.94). 태양이 구름에 가려지면서 빛과 그림자가 나뉘고, 태양의 반대쪽 하늘까지 빛이 뻗어 나갈 때 생깁니다.

공기 흐름을 탄 파도구름. 구름의 모습을 보고 바람이 어떻게 움직이는지 알아볼 수 있어요.

지진이 일어나는 땅의 상태가 구름에 영향을 미칠까요? 정답은 '알 수 없다'예요. 혹시 무언가 영향을 준다 해도 구름 과학으로 설명할 수 있는 다른 현상과 구분할 수 없어요. 즉, 구름의 모양으로 보고 "지진이 일어날 거야!"라고 예측할 수는 없답니다.

만약 주위에서 "지진운이 나타났어. 큰일이야!"라고 말하는 사람이 있다면 "지진은 구름으로 예측할 수 없으니 걱정하지 마."라고 말해 주세요.

1개알 지식

구름을 보고 지진을 예상할 수는 없지만 관천망기로 날씨의 변화를 예상할 수는 있어요(p.162). 구름에는 각각 이름이 있으니, 10종운형(p.16)과 비교해 보면서 이름으로 불러 보세요.

기상예보사는 무슨 일을 하지?

기상예보사 자격증을 가지고 있는 사람들에게 "오늘 날씨 알려 줄래?"라고 물어봐도 조사하지 않으면 알 수 없습니다. '기상예보사'라는 이름만 보고 무턱대고 날씨를 묻지 말고, 기상예보사가 어떤 일을 하는지 살펴보도록 해요.

기상예보사라고 하면 텔레비전에서 날씨를 알려 주는 기상캐스터를 떠올릴 수도 있어요. 흔히 우리가 알고 있는 기상캐스터는 기상예보사와 조금 다릅니다. 우리나라에서는 자격증을 갖추지 않아도 기상캐스터로 활동할 수 있어요.

그렇다면 기상캐스터는 어떻게 날씨를 예보할까요? 우리나라에는 기상청 예보를 전달해야 하는 '기상법'이 있는데요, 이 때문에 방송국은 기상청에서 예보하는 대로 날씨를 전달해야 한답니다. 단, 국가에서 운영하는 '기상예보사' 자격증을 취득하면 기상청과 다르게 예보할 수 있습니다.

기상예보사는 텔레비전에서 날씨를 해설하는 일에 국한되지 않고, 텔레비전에서 발표하는 기상예보를 작성하고, 작가와 기자로서 기상에 관련한 기사를 집필하기도 하고, 출판사에서 책을 기획하고 편집하기도 하며 지자체에서 방재 관련 일을 할 수도 있습니다.

기상예보사 자격을 취득하기 위해서는 '기상예보기술사' 자격을 먼저 취득해야 하고, 기상 관련 분야에서 2년 이상 일해야 합니다. 또한 140시간이나 교육을 이수해야 한다고 하니 쉬운 시험은 아니랍니다.

놀라운 하늘 이야기

맑게 갠 하늘에 걸린 선명한 무지개와 붉게 타는 하늘.
때때로 하늘은 우리에게 감동적인 풍경을 보여 줘요.
하늘에 대해 조금이라도 알아 둔다면 아주 가끔 볼 수 있었던
하늘의 멋진 모습을 자주 만날 수 있을 거예요.

CHAPTER 2

22 무지개의 진짜 모습은 반원이 아닌 둥근 원이다

비가 갠 하늘에 걸린 무지개다리를 본 적 있죠? 무지개는 마치 마법의 성처럼 아름다운 풍경을 만들어 내죠. 이런 무지개가 사실은 360°원 모양이라는 것을 알고 있나요?

원래 **무지개**는 빨간색, 주황색, 노란색, 초록색, 파란색, 보라색이 배열된 원 모양의 띠로 비가 내릴 때 태양의 반대쪽 하늘에서 볼 수 있어요. 레인보우(비의 활)라는 이름에서 알 수 있듯이 빛이 비 입자에 굴절되면서 무지개가 만들어집니다. 우리가 보는 무지개는 보통 안쪽이 보라색이고 바깥쪽이 빨간색인 **주무지개**(1차 무지개)예요. 빛이 강할 때는 주무지개 바깥쪽에 보라색부터 반대로 배열된 **부무지개**(2차 무지개)와 함께 **쌍무지개**를 볼 수도 있습니다.

천둥과 번개를 동반한 비가 내린 뒤 나타난 **쌍무지개**!

해 질 녘에 나타난 반원에 가까운 무지개.

태양이 가장 높게 뜬 낮 시간, 지평선 부근에 나타난 무지개.

무지개는 태양과 반대쪽인 그림자가 향하는 점인 **대일점**을 중심으로 원 모양을 만들어 내는데, 원 모양의 일부는 지표면에 가려져 우리는 무지개의 일부만 볼 수 있어요. 그래서 해 뜰 때와 해 질 녘에 나타나는 무지개는 반원에 가깝게 보이고, 태양이 높게 떴을 때 지평선 가까이에서 나타나는 무지개는 꼭대기 부분만 보여요.

높은 건물이나 다리 위, 비행기에서는 대일점을 보기 쉬워서 땅에서 보는 것보다 둥근 무지개를 볼 수 있답니다.

깨알 지식

무지개는 보통 7가지 색(빨, 주, 노, 초, 파, 남, 보)을 지녔다고 보지만, 이 책에서는 이과 연표를 따라 남색을 제외한 6가지 색으로 분류해요. 독일에서는 5가지 색, 대만의 일부에서는 3가지 색으로 나누는 등 무지개의 색깔을 나누는 방법은 국가마다 달라요.

CHAPTER 2

23 무지개의 끝자락에는 영원히 닿을 수 없다

'무지개 너머에 가 보고 싶다!'는 생각을 해 본 적 있지 않나요? 안타깝게도 무지개의 끝자락에 도달하는 일은 불가능하답니다.

무지개는 대일점을 중심으로 원 모양을 띱니다. 한쪽 방향의 지평선에서 정반대의 지평선까지를 180°라 할 때 하늘을 나누는 기준을 **시각도**라고 하는데요, 주무지개와 부무지개(p.60)는 대일점에서 각각 시각도로 42°, 50°의 위치에 나타나요.

하늘에 떠 있는 무지개의 위치는 어디에서 바라봐도 바뀌지 않기 때문에 **아무리 쫓아도 무지개에 닿을 수 없어요.** 슬프게도 결국 우리는 무지개의 끝자락에 도달할 수 없고, 무지개를 만져 볼 수도 없답니다. 무지개의 끝자락을 쫓아가는 건 아침이나 해 질 녘에 태양을 등졌을 때 보이는 자신의 그림자를 쫓아가는 것과 다름없습니다.

그렇다고 해도 무지개의 끝자락이 닿아 있는 풍경마저 볼 수 없다는 의미는 아니에요. 최근에는 디지털카메라와 스마트폰 카메라에 고배율 줌 기능이 생기면서 저 멀리 있는 무지개 풍경을 촬영할 수 있게 되었어요. 무지개의 끝자락이 닿은 아름다운 풍경을 사진으로 담아 보세요.

깨알 지식 선명하게 보이는 밝은 주무지개의 안쪽(보라색 쪽)과 부무지개의 바깥쪽(보라색 쪽)에는 여러 색이 겹쳐진 듯한 과잉무지개(간섭호)가 나타날 수 있습니다. 밝게 뜬 무지개를 만나게 된다면 잘 관찰해 보세요.

주무지개의 안쪽에 생긴 과잉무지개.

밝고 선명한 주무지개의 안쪽(보라색 쪽)과 부무지개의 바깥쪽 (보라색 쪽)에는 여러 색이 겹친 듯한 과잉무지개(간섭호)가 나타나기도 합니다.

무지개가 걸린 도시를 카메라로 줌해서 촬영하면 이렇게 아름다운 풍경을 볼 수 있어요.

무지개가 발생하는 원리와 위치

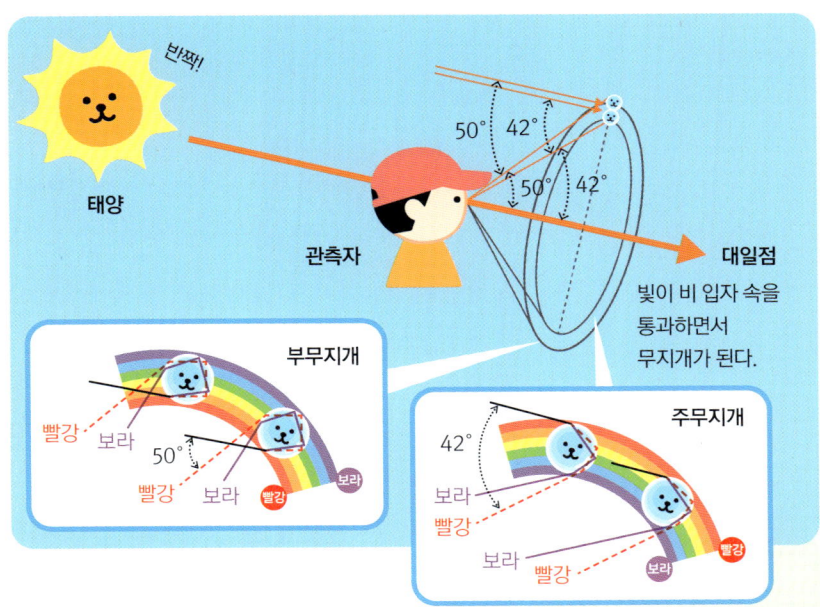

빛이 비 입자 속을 통과하면서 무지개가 된다.

CHAPTER 2

24

무지개를 보기 위한 방법

무지개를 보는 건 우연이라 생각하는 분들께 기쁜 소식이 있어요. 무지개는 찾아가서 만날 수 있다는 사실이에요.

원래 무지개는 비가 내리고 있을 때 태양 반대쪽 하늘에서 나타나요. 따라서 실시간 기상레이더로 강우량 정보를 이용해 미리 **비구름이 지나가는 타이밍**을 알아보고, 태양의 반대쪽 하늘을 바라보면 무지개를 관측할 확률이 높아집니다.

레이더로 보는 강우량 정보는 스마트폰에서 웹 검색으로 바로 볼 수 있고,

실시간 기상 레이더로 비 구름이 지나가는 타이밍을 알 수 있어요.   출처: 기상청

비가 그치고 햇빛이 비치면
무지개를 볼 수 있는 기회!

각 기상 정보 애플리케이션에서도 볼 수 있습니다. 둘 다 기상청의 레이더를 사용하고 있어서 데이터는 같아요. 여러분이 사용하기 편리한 방법으로 준비해 두세요.

저기압과 전선으로 인해 넓은 지역에 비가 내리는 때보다는 여름 해 질 무렵이나 겨울철 서해에 비가 내릴 때처럼 맑지만 좁은 지역에 비가 내리는 **여우비**일 때 특히 무지개를 볼 가능성이 크답니다. 레이더의 정보를 이용해 무지개를 꼭 발견해 봅시다.

깨알 지식 제가 근무하고 있는 기상연구소에서는 무지개가 나타날 것 같으면 어느새 연구자들이 모두 옥상으로 모여듭니다. 비가 개고 태양 빛이 강해지면 무지개를 발견한 사람이 하나둘 늘고, 어느새 무지개 관람회가 열린답니다.

CHAPTER 2
25
7가지 색이 아닌 무지개도 있다

무지개는 알록달록한 색들이 이어진 띠라고 많이 생각하는데요, 무지개 색으로 보이지 않는 무지개도 있답니다.

그중에 하나는 **붉은무지개**입니다. 붉은무지개는 해가 뜬 직후나 해가 진 뒤에 붉게 물든 태양 빛이 비 입자에 흡수되면서 나타나요. 보통 무지개는 빨간색부터 보라색의 빛이 비 입자에 흡수되기 때문에 선명하게 색을 구분할 수 있지만, 붉은 무지개는 거의 빨간 빛만으로 이루어져 붉게 보여요.

흰무지개도 있어요. 보통 무지개는 비 입자로 이루어져 '레인보우'라고 하지만 흰무지개는 눈과 안개 입자로 이루어져 있어 **구름무지개(클라우드보우/눈의 활), 안개무지개(포그보우/안개의 활)** 로 불립니다. 안개 입자는 비 입자보다 작아 빛이 입자 사이를 돌아 들어가며(회절) 무지개의 띠 부분에서 여러 색이 섞이기 때문에 희게 보이는 거랍니다.

붉은무지개는 해가 뜬 직후나 해가 지기 직전 여우비가 내리는 때 보이고, 흰무지개는 안개가 걷힐 때와 비행기가 구름 속으로 들어갈 때 볼 수 있어요.

깨알지식 진한 안개 속에서 차의 헤드라이트를 위로 비추고 라이트를 등진 채 자신의 그림자를 바라봅시다. 헤드라이트가 태양이 되고, 자신의 그림자가 대일점이 되어 흰무지개를 만들어 볼 수 있어요(p.78). ※**어른과 함께 있을 때 실험하세요.**

이른 아침에 볼 수 있는 아름다운 붉은무지개.

고양이 뒤로 보이는 하늘에 걸린
흰무지개(안개무지개).

이 사진의 흰무지개(안개무지개)는
패러글라이딩으로 하늘을 날고 있을 때 본
무지개라고 합니다!

CHAPTER 2

26 맑은 날에 만나는 하늘의 무지개 색

비가 내리지 않았는데도 하늘에서 무지개 색 빛이 종종 목격되어 화제가 되기도 하는데요, 이것은 사실 얼음구름이 만드는 **햇무리(헤일로, halo)**와 **아크(호)**라는 현상이에요.

햇무리는 태양을 중심으로 생긴 빛 테두리를 가리키는 말로, 하늘로 손을 쭉 뻗었을 때 태양으로부터 손바닥 하나와 두 개 정도 떨어진 위치(시각도 22°, 46°)에 나타나요. 햇무리의 무지개 색은 구름을 만드는 육각기둥 모양의 얼음 결정에 의해 빛이 굴절되며 생겨요. 얼음 결정이 편평한 피라미드형(이십면체 빙정, p.107)이라면 시각도가 9°, 18°, 20°, 23°, 24°, 35°로 나타나는 매우 희귀한 햇무리도 있습니다. 이 햇무리를 **피라미드햇무리**라고 불러요.

이처럼 얼음 결정의 방향이 제각각인 경우에는 햇무리가 생기죠. 그렇다면 얼음 결정의 방향이 일정한 경우에는 무엇이 나타날까요? 이때 나타나는 무지개 색 빛은 **아크**라 불립니다. 아크는 종류가 많고 그중에 22° 햇무리(안무리)가 바깥쪽에 닿은 것처럼 보이는 타원 모양의 **외접무리**라는 희귀 현상도 있어요.

얇은구름(권층운)이 나타날 때는 하늘에서 무지개 색을 볼 수 있는 기회랍니다.

깨알지식 헤일로(halo)는 그리스어로 '태양과 달의 원반, 태양과 달 주위에 생기는 빛 테두리'라는 의미를 지닌 'halos'가 어원이라고 해요. 이 말에 유래해서 성인과 신의 그림에 그려진 머리 주위의 빛도 헤일로라 불러요.

하늘에 얇은구름(권층운)이 넓게 퍼져 있을 때
보기 쉬운 햇무리.
하늘에 손을 뻗었을 때 태양에서
손바닥 하나 정도 떨어진 위치에 나타나요.

타원 모양을 한 외접무리.

쉽게 볼 수 있는 것은 22° 햇무리이고,
9°, 18°, 24°의 피라미드햇무리도 있어요.

일반적인 햇무리와 아크(호)의 위치

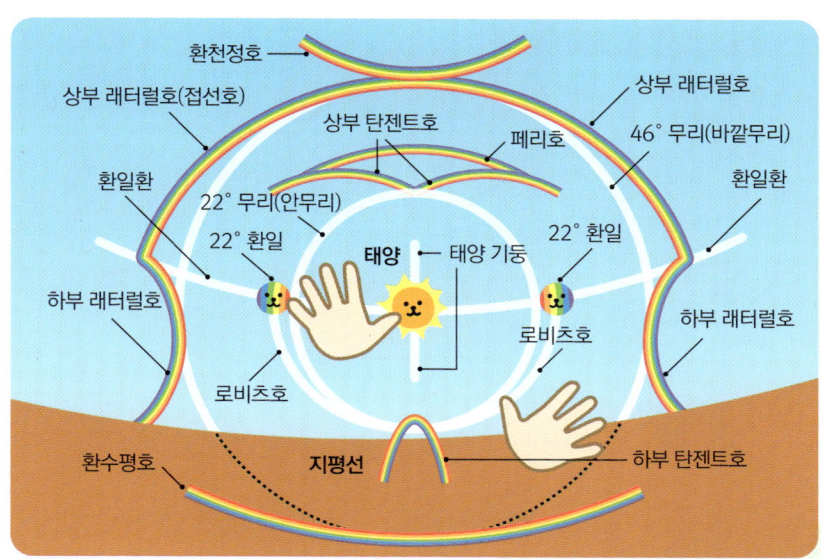

햇무리와 아크는 태양의 위치에 따라 발생하는 곳이 정해져 있어요. 따라서 하늘에 손을 뻗어 무지개 색을 찾으면 보게 될 확률이 높아요.

CHAPTER 2
27 반대 방향이나 옆으로 퍼지는 무지개가 있다

얼음구름으로 이루어진 아크(호)중에는 무지개처럼 화사한 색을 띠면서 반대 방향이나 옆으로 뻗은 무지개 색 빛도 있어요.

거꾸로무지개라고 불리는 **환천정호**는 태양에서 위로 손바닥 두 개 정도 떨어진 위치에 나타나요. 1년을 주기로 태양의 고도가 32° 이하인 시기, 아침과 해 질 녘에 나타날 수 있답니다.

옆으로 퍼지는 무지개는 **환수평호(수평무지개)**라고 해요. 태양에서 아래로

서울대공원 쾌청한 하늘 위로 뜬 수평무지개.
무지개 색이 보라색부터 시작하면 거꾸로무지개랍니다.

출처: 썬도그 티스토리

이 수평무지개는 매우 선명하게 보여요.

손바닥 두 개 정도 떨어진 위치에 나타나고, 태양의 고도가 58° 이상일 때 생기기 때문에 봄에서 가을 사이 낮 12시쯤에 볼 수 있어요.

아크는 육각형의 판 모양 얼음 결정에 의해 빛이 굴절하면서 선명한 무지개 색을 만들어요. 무지개(주무지개)는 바깥쪽에서 안쪽 방향으로 빨간색에서 보라색까지 배열되는데, 햇무리와 아크는 모두 '태양에 가까운 쪽이 빨간색'이 되는 특징이 있죠. 엷은구름(권층운)뿐만 아니라 물고기구름(권적운)에서 생긴 얼음 결정에서도 선명한 무지개 색 아크가 보일 때가 있답니다. 아크가 나타나는 위치를 떠올리면서 하늘을 바라봐 볼까요?

개알지식 햇무리와 아크를 채운(p.74)과 혼동하는 경우가 많아요. 채운은 무지개 색이 불규칙한 데 비해 햇무리와 아크는 태양 쪽이 빨간색이고 색 배열이 규칙적이에요. 나타나는 위치와 색 배열 등의 특징을 통해 이들을 구별할 수 있답니다.

CHAPTER 2
28
태양인 듯,
태양이 아닌 것의 정체는?

태양처럼 무척 밝게 빛나는 무언가를 하늘에서 본 적이 있지 않나요? 마치 '환상 속의 태양' 같은 이 빛을 **환일**이라고 부릅니다.

환일은 아크 중 하나로 구름 속 얼음 결정에 빛이 굴절되며 만들어지는 무지개 색 빛으로, 하늘을 향해 팔을 일자로 뻗었을 때 태양의 양옆, 손바닥 너비만큼 떨어진 위치에서 나타납니다. 태양 고도가 대략 61° 이상일 때는 나타나지 않기 때문에 정오 전후의 시간대를 제외한 오전 오후 시간에 볼 가능성이 큽니다.

이 현상은 두 마리 늑대가 태양을 쫓는다는 북유럽 신화에 빗대어 선도그(sun dogs)라는 이름으로 더 알려져 있습니다. 즉 환일은 '무지개 색 멍멍이'라 부를 수도 있지요.

환일은 엷은구름(권층운)이 하늘에 퍼져 있을 때 나타나기 쉽습니다. 특히 물고기구름(권적운)에서 생긴 얼음 결정이 하늘에 떠 있거나 겨울에 다이아몬드더스트(diamond dust)가 발생했을 때 선명한 무지개 색을 띤 환일을 보게 될 가능성이 있습니다.

> **깨알지식**
> 환일도 무지개와 같이 태양의 고도가 낮을 때는 노을빛을 띠며 무지개 색을 만들기 때문에 불그스름한 색이 됩니다. 그래서 종종 채운으로 착각하기도 해요. 또한 구름이 겹겹이 만들어진 때는 빛이 여러 방향으로 흩어지며 겹치기 때문에 하얀빛으로 보일 수 있습니다.

손을 뻗어 보면 태양과 **환일**은 대략 **손바닥 너비만큼 떨어진 곳**에 위치합니다.

추운 겨울 날 다이아몬드더스트가 발생하면 환일을 볼 수 있어요.

말그대로 '무지개 색 멍멍이 **환일**'(태양의 오른쪽).

태양의 양쪽으로 나타난 **환일**. 22° 햇무리와 **환일환**도 보입니다.

CHAPTER 2
29

눈을 뗄 수 없게 아름다운 무지갯빛 채운

구름 중에서도 특히 아름다운 구름을 꼽자면 무지갯빛 **채운**을 빼놓을 수 없습니다. 채운은 서운(瑞雲), 경운(景雲) 등으로 불리며 예로부터 좋은 일이 일어나는 전조로 여겨졌어요.

채운은 흔히 볼 수 없다고 생각하겠지만 사실 계절과 장소를 가리지 않고 자주 볼 수 있는 구름이에요. 물고기구름(권적운)과 양떼구름(고적운), 솜털구름(적운)이 태양 가까이에 있을 때 구름 속 물 입자에 의해 빛이 무지개 색으로 나뉘면서(회절) 채운이 만들어집니다. 구름 속에 있는 물 입자 크기는 제각각이어서 햇무리나 아크와는 달리 무지개 색이 불규칙적으로 나타납니다.

만약 바람이 강하고 렌즈 모양을 한 물고기구름과 양떼구름이 있다면 물 입

물고기구름에 드리워진 커다란 **채운**.

건물 등에 태양이 가려지면 육안으로도 무지갯빛이 선명하게 보여요.

채운은 시시각각 색이 변합니다.

솜털구름의 테두리가 무지갯빛인 채운으로 변신!

해 질 녘 잠깐 나타난 따뜻한 색의 채운.

자의 크기가 비슷해지는 경우가 많아 마치 천사의 날개옷 같은 커다란 채운이 만들어지기도 해요.

여러분도 아름다운 채운을 보고 싶지 않나요? 채운을 관찰하는 비법을 특별히 알려 드릴게요. 건물과 같은 물체로 태양을 가리고 태양 가까이에 있는 구름을 주목해 보세요. 이때 반드시 선글라스를 사용하고 태양을 직접 보지 않도록 주의하세요!

개알 지식

시각도가 10° 이하라면 태양 가까이에서 채운이 나타나기 쉬워요. 관찰 비법은 권적운과 같은 구름이 태양을 지나갈 때 눈앞에 있는 건물로 태양을 아슬아슬하게 가리고 보는 거예요. 스마트폰 카메라의 줌 기능을 이용해서 촬영하는 것도 추천합니다.

CHAPTER 2
30
꽃가루 때문에 하늘이 무지개 색이 된다?

　봄은 만남과 이별의 계절입니다. 벚꽃이 피고 지고, 졸업과 입학 같은 환경의 변화로 가슴이 두근거리기도 하죠. 하지만 꽃가루 알레르기가 있는 사람에게는 괴로운 계절이기도 해요.
　이처럼 때로는 우리를 괴롭게 하는 꽃가루가 하늘에 **화분광환**이라는 무지개 색을 만들 때가 있어요. 비가 그친 맑은 하늘에 강한 바람이 부는 날, 가로등이나 건물로 태양을 가리면 태양을 중심으로 선명한 무지개 색 빛이 보여요.
　광환은 물고기구름(권적운)과 양떼구름(고적운)이 하늘에 넓게 드리워져 있을 때 태양을 중심으로 생기는 무지개 색 빛을 말하는데, 구름이 비슷한 크기의 물 입자들로 이루어져 있을 때 채운과 같은 원리로 만들어져요. 안쪽에

뚜렷한 무지갯빛의 **화분광환**!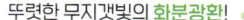

스마트폰으로 촬영한 사진. 태양을 가리면 화분광환이 선명하게 찍혀요.

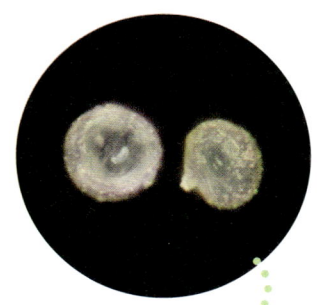

삼나무의 꽃가루 입자는 사진과 같이 동그랗습니다.

물고기구름이 떠 있으면 계절에 상관없이 광환을 볼 수 있어요.

서 바깥쪽으로 보라색에서 빨간색이 규칙적으로 배열되죠. 삼나무 꽃가루는 공처럼 동그랗고 구름 입자와 크기가 같기 때문에 광환을 만들 수 있어요.

화분광환이 보인다면 하늘에 꽃가루가 흩어져 있다는 증거이기도 하니 꽃가루 알레르기가 있는 사람은 건강에 유의하세요!

> **개알 지식**
>
> 광환이나 화분광환은 달빛으로 만들어지기도 해요. 밤 시간 달 주위에 보이는 광환은 각각 월광환, 화분월광환이라고 불려요. 달은 빛이 약하기 때문에 맨눈으로 바라보며 관찰할 수 있어요. 꽃가루가 날리는 시기에 보름달이 뜬다면 화분월광환을 관찰할 수 있는 기회랍니다.

CHAPTER 2

31 무지갯빛에 둘러싸인 그림자의 정체는?

한 사람이 등산을 하고 있을 때의 일입니다. 갑자기 구름이 사방으로 뿌옇게 뒤덮이면서 눈앞이 어둡고 침침해졌어요. 문득 뒤를 돌아보았더니 무지갯빛 망토를 걸친 거대한 유령의 그림자가 있지 뭐예요!

독일의 브로켄(brocken)산에서는 이 그림자가 종종 보여 사람들에게 유령이 나타나는 산으로 오해를 받기도 했어요. 지금은 그림자와 무지갯빛을 아울러 **브로켄현상**이라 부르고 있습니다. 이 무지갯빛의 정식 명칭은 **광륜**(글로리)이에요.

태양을 등지고 섰을 때 눈앞에 구름과 안개가 있다면 물 입자로 인해 태양빛이 무지개 색으로 나뉘고(회절) 자신의 그림자를 중심으로 무지갯빛이 나타나요. 색의 배열은 광환과 같고, 안쪽에서 바깥쪽으로 보라색에서 빨간색까지 색이 반복되어 여러 겹이 되기도 한답니다.

브로켄현상은 비행기 안에서 태양과 반대되는 좌석에 앉아 창밖을 볼 때나 비행기의 그림자가 솜털구름(적운)과 흐린구름(층적운), 양떼구름(고적운)과 같이 물로 이루어진 구름에 비칠 때도 볼 수 있어요. 그림자에서 퍼져 나가는 무지갯빛이 보이는지 확인해 보세요.

깨알 지식 비행기를 탈 때 창가 쪽 좌석에 앉으면 훨씬 더 즐거운 시간을 보낼 수 있어요. 브로켄현상뿐만 아니라 다양한 무지개 색 현상과 구름을 평소와는 다른 눈높이에서 관찰할 수 있기 때문이에요. 다음 여행에서는 창가 쪽 좌석을 예약해 보세요!

구름이 뒤덮인 산에서 자신의 그림자를 중심으로 생기는 <u>브로켄현상</u>.

브로켄현상은 비행기 안에서도 종종 관찰할 수 있어요.

자동차 헤드라이트가 만들어 낸 브로켄현상과 흰무지개(p.66~67). 밤사이 비가 그치고 청명한 아침에는 진한 안개가 발생하기 쉽기 때문에(p.55) 이런 현상을 볼 수 있어요.

CHAPTER 2
32
하늘이 푸른 이유는 빛의 산란 때문이다

끝없이 펼쳐진 파란 하늘을 바라보고 있노라면 기분까지 상쾌해져요. 그런데 하늘은 왜 푸른색을 띠는 걸까요?

태양에서 지구까지 오는 빛 중에서 우리가 눈으로 볼 수 있는 빛은 보라색에서 빨간색에 이르는 가시광선이에요. 가시광선은 태양에서 지상까지 오는 사이에 대기 속 공기의 분자(매우 작은 입자)와 먼지에 부딪치게 되는데, 보라색이나 파란색과 같이 파장이 짧은 빛은 여러 방향으로 크고 쉽게 흩어지는 성질이 있어요(**레일리산란**). 특히 보랏빛은 매우 높은 하늘에서 먼저 흩어져 버리기 때문에 지상에서는 볼 수 없어요. 그래서 그다음으로 산란하기 쉬운 파란빛이 하늘에 퍼지면서 하늘이 푸르게 보이는 거랍니다.

낮은 하늘에는 수증기와 먼지가 많이 존재하는데요, 이 때문에 서로 다른 색들이 섞이면서 하얀색이 됩니다. 태양에 가까운 하늘은 빛이 강해서 다른 색과 섞이면서 하얗게 보이지만, 태양과 반대쪽 하늘은 조금 더 깊고 진한 푸른색을 띱니다. 구름 한 점 없는 푸른 하늘에서도 고도와 방향에 따라 미세하게 다른 색을 띤다는 사실이 매우 흥미롭지 않나요?

깨알 지식 비행기를 타고 하늘을 날고 있을 때 구름 위의 푸른 하늘을 올려다보면 하늘이 무척 진한 푸른색인 걸 볼 수 있어요. 높은 하늘에는 수증기와 먼지가 거의 존재하지 않아 공기 분자가 푸른빛만을 산란시키기 때문이에요.

평범한 푸른 하늘이라고 해도
자세히 보면 낮은 하늘은
하얗게 보여요.

비행기가 높은 하늘을 날고 있을 때
볼 수 있는 진한 푸른색 하늘.

하늘이 푸른 이유

우리는 하늘에서 산란하는 푸른빛을 보고 있다.

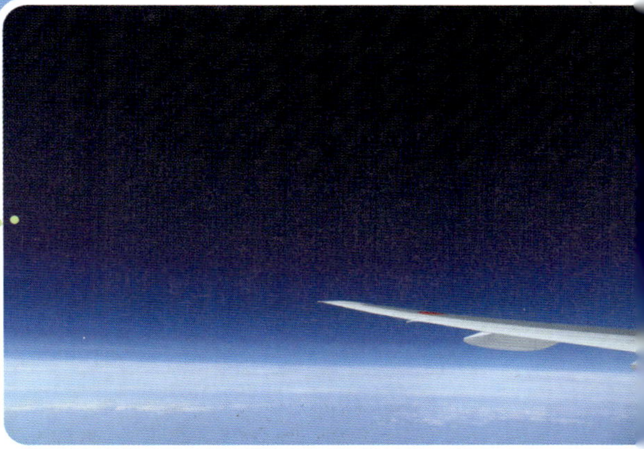

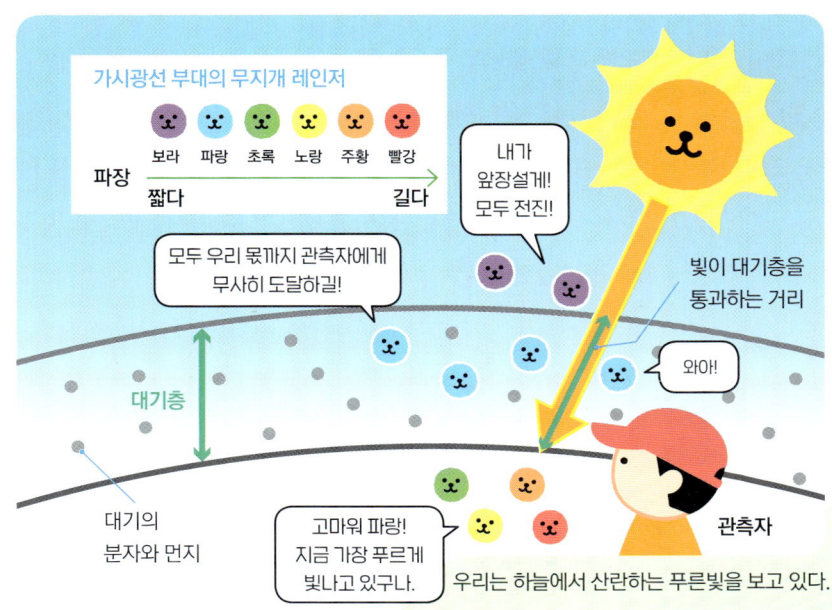

CHAPTER 2

33 붉은 노을은 여행에서 끝까지 살아남은 색

해 질 녘 하늘은 푸르렀던 색이 점점 따뜻한 색으로 바뀌는 시간이에요. 노을을 보면 마치 하늘이 얼굴을 붉히고 있는 것 같기도 해요. 그럼 왜 노을은 붉은색을 띠는지 그 이유를 살펴볼까요?

태양이 높은 고도에 있는 낮에는 푸른빛이 하늘에 흩어지면서**(레일리산란)** 하늘이 푸르게 보입니다(p.80). 반면 해가 뜨고 질 때는 태양이 낮게 떠 있기 때문에 태양 빛이 지구 대기층을 통과하는 거리가 낮 시간보다 길어져요. 이때 가시광선은 레일리산란의 영향을 강하게 받아 파란색 이외의 빛도 산란해 버립니다. 따라서 가장 적게 산란하는 붉은빛만이 빛의 여행에서 살아남아 우리에게 도달하는 거죠. 이것이 노을이 붉은 이유랍니다.

가시광선의 다양한 색 중에서도, 아침저녁 하늘에 퍼진 붉은빛은 대기 중에서 장렬한 산란의 고난을 이기고 우리에게 도달한 거죠. 자, 붉게 물든 하늘이 어쩐지 대견하게 느껴지지 않나요?

깨알 지식 빨간색은 쉽게 산란되지 않고 멀리까지 도달하는 것이 특징이에요. 그 때문에 신호등에서 '멈춤' 신호에 빨간색을 사용한답니다. 적신호는 교통사고를 방지하기 위해서 매우 중요합니다. 빨간색이 사용되고 있는 데는 이유가 있는 것이지요.

붉게 물든 하늘이 바다와 호수 같은 수면에 반사된 모습은 마음을 홀릴 정도로 아름다워요.

'아침노을은 비, 저녁노을은 맑게 갬'을 의미한다는 말이 있습니다. 서쪽에서 저기압이 다가올 때는 서쪽 구름이 두꺼워지면서 날씨가 흐려지게 됩니다(p.128). 이때 아침노을이 보이는 것은 동쪽 하늘이 맑아서 서쪽에서 비가 다가올 가능성이 있고, 저녁노을이 보이는 것은 서쪽 하늘이 맑게 개어 다음날도 맑을 가능성이 있다는 뜻이에요. 그러나 실제로는 그렇지 않은 경우도 많으니 날씨가 궁금할 때는 일기예보를 확인하도록 해요.

노을 지는 하늘이 붉은 이유

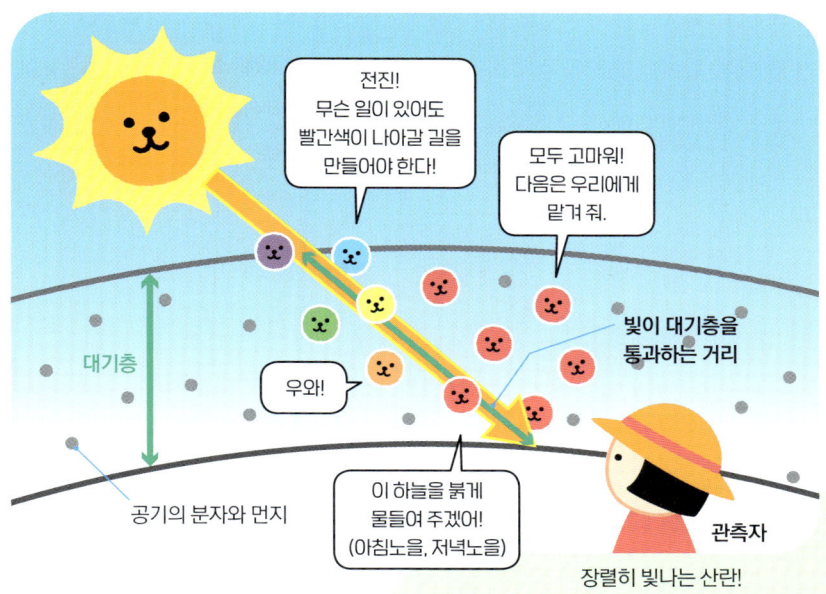

CHAPTER 2

34 가장 아름다운 붉은 하늘은 언제 볼 수 있을까?

아름답게 물든 붉은 하늘을 보는 데에도 비법이 있답니다. 하늘이 가장 붉게 물드는 때는 해가 뜨기 전과 해가 진 직후예요.

붉은빛이 남아 있는 레일리산란은 태양 빛이 대기층을 통과하는 거리가 길수록 강해집니다(p.82). 이 거리가 가장 길어질 때는 지평선 아래에 있는 태양 빛이 높은 하늘로 퍼져 구름에 닿고, 거기에서 다시 우리에게 빛이 도달하게 되는 해 뜨기 전과 해가 진 뒤예요. 그래서 이 시간에 높은 하늘에 구름이 펼쳐져 있으면 구름이 새빨갛게 물든 모습을 볼 수 있어요.

해가 뜨고 지는 시간은 지역과 계절에 따라 다르므로 특정 지역의 '일출 시간'과 '일몰 시간'을 검색하면 바로 알 수 있습니다. 검색어에 날짜를 덧붙이면 그날의 일몰, 일출 시간도 알 수 있고요. 시간을 미리 확인해 두면 해가 뜨기 전에 일어나 아침노을을 감상하거나 해 질 녘부터 해가 지는 시간 동안 아름다운 석양을 볼 수 있을 거예요.

깨알 지식
흐린 날이더라도 태양 쪽의 낮은 하늘이 쾌청하다면 높은 하늘의 구름이 붉게 물드는 모습을 볼 수 있어요. 또한 낮은 하늘에 구름이 넓게 펼쳐져 있을 때는 그 위로 떠 있는 붉게 빛나는 구름과 밤하늘의 색이 섞이면서 핑크색으로 물든 구름을 볼 수 있답니다.

높은 하늘에 구름이 떠 있다면
장대한 노을 색이 만들어질 수 있어요.

새빨갛게 물든 하늘을 보면 하던 일을
멈추고 멍하니 바라보게 돼요.

핑크색으로 물든 구름.
노을과 저녁 하늘이 어우러져
만들어 낸 색입니다.

밤하늘로 옷을 갈아입는 중. 높은 하늘에 구름이
붉게 물들면 환상적인 풍경이 만들어져요.

해 질 녘 하늘의 색 변화. 해가 질 무렵에는 주황색이었던 높은 하늘의 구름이 점점 붉어지더니 고작 10분
만에 깊고 진한 붉은색으로 완벽히 물들었습니다.

CHAPTER 2
35 하늘을 오색빛으로
찬란히 수놓는 매직아워

매직아워라는 말을 들어 본 적 있나요? 이것은 누구라도 아름다운 하늘 사진을 찍을 수 있는 마법과 같은 시간이에요. 매직아워는 하루 두 번 해가 뜨기 전과 해가 진 후에 찾아와요. 이 시간은 **박명**(트와일라이트, twilight)이라고 불리기도 해요. 구름이 없는 맑은 날이라면 낮과 밤, 밤과 낮이 바뀌는 시간에 아름다운 그러데이션을 만들며 물든 하늘을 볼 수 있어요. 높은 하늘에 구름이 떠 있는 날이라면 새빨갛게 물드는 모습을 볼 수 있지요. 매직아워는 **골든아워**로 불리기도 합니다.

매직아워 시간대에는 태양 쪽 하늘이 오색빛으로 물드는 모습을 볼 수 있어요. 태양 반대쪽의 낮은 하늘에서는 태양이 지평선 아래로 저무는 동안 지구의 그림자를 볼 수 있답니다. 지구 그림자 바로 위로는 **비너스벨트**라고 부르는 핑크색 하늘도 볼 수 있어요.

매직아워는 맑은 날이라면 1년 중 언제든지 하루 두 번 만날 수 있어요. 일출과 일몰 시간을 확인해 두고 아름답고 화려하게 물드는 하늘을 감상해 보길 바랄게요.

1깨알 지식 매직아워를 가리키는 이름은 여러 개가 있어요. 아침의 매직아워는 새벽, 동틀녘, 여명, 저녁의 매직아워는 황혼, 해 질 녘으로 불리기도 해요.

마법과도 같은 **매직아워**의 풍경.

매직아워의 하늘은 시간에 따라 완전히 다른 분위기를 띠어요.

지구 그림자와 **비너스벨트**를 보면 새삼 우리가 밟고 서 있는 지구가 새롭게 느껴져요.

CHAPTER 2

36 세상이 아름다운 남색으로 물드는 블루모멘트

낮 시간의 하늘색은 푸르고 밝아서 바라보는 사람의 마음을 시원하게 만들어 줘요. '하늘의 푸름'에도 여러 종류가 있는데요, 그중 하나가 세상의 모든 것을 감싸 안아 줄 것 같은 부드러운 남색의 **블루모멘트**입니다.

블루모멘트는 해가 뜨기 전과 해가 진 뒤, 붉은색이 거의 없는 짧은 시간에 찾아와요. 해가 질 무렵에는 황금색의 하늘이 나타난 뒤에, 해가 진 직후 매직 아워의 그러데이션과 붉은색으로 물든 하늘 뒤로 블루모멘트가 찾아옵니다. 블루모멘트는 구름이 거의 없는 좋은 날이나 구름이 약간 있는 날, 하늘도 도시도 모두 남색으로 뒤덮습니다.

말 그대로 푸르게 뒤덮인 푸른색의 시간.

아름다운 남색이 세상을 감싸 안아요.

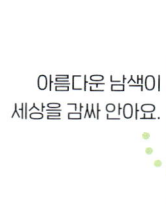

매일 매 순간이 다른 하늘의 푸른색.

구름이 많은 날에도 푸른색을 띠어요.

블루모멘트로 하늘이 물드는 시간은 **블루아워**라고 부릅니다. 이때 푸른색은 높은 하늘에서 산란하고 있는 푸른빛과 밤의 어두운색이 섞이면서 만들어집니다.

시시각각 변화하는 남색은 몇 분 사이에 깊은 푸른색으로 변화합니다. 세상을 남색으로 감싸는 블루모멘트도 여명과 같이 하루 두 번 볼 수 있습니다.

깨알 지식

블루모멘트의 남색 하늘을 멋지게 촬영하고 싶다면 매직아워 시간대에 태양의 반대쪽 하늘을 바라보는 것이 포인트랍니다. 또한 가로등과 같은 빛이 없을 때 더욱 깊고 선명한 남색 하늘을 촬영할 수 있어요.

CHAPTER 2
37

검붉은 태양은 공기가 오염되었다는 증거

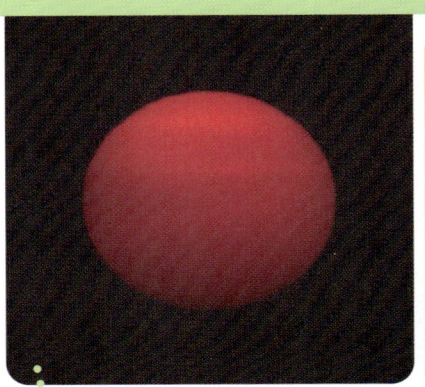

연어 알인가요?
아닙니다. 태양입니다!

아침저녁에 지평선과 가까운 낮은 하늘이 잿빛을 띨 때는 공기가 오염된 경우가 많아요. 이때는 검붉은 태양을 볼 수 있는 기회이기도 합니다.

해 질 녘에 하늘을 보면 태양이 검붉은 보석처럼 빛날 때가 있어요. 태양이 이런 모습을 띠는 데는 공기의 오염과 관계가 있어요.

눈에 보이지 않을 정도의 작은 먼지(에어로졸)가 하늘에 많을 때 태양에서 땅으로 도달하는 빛은 레일리산란의 영향을 강하게 받아요. 그래서 지평선 아래로 넘어가는 태양이 연어알처럼 붉은색을 띠게 됩니다. 지평선 바로 위의 낮은 하늘은 빛의 산란이 심해져 어두운 회색이 되고, 우리에게 도달하는 태양 빛도 빨간색 외에는 모두 사라져 버리죠. 이렇게 공기가 오염되었을 때 낮은 하늘에 떠 있는 태양은 검붉게 보여요.

깨알 지식 하늘의 먼지에는 화분과 황사, 연기 등 여러 종류가 있어요. 일출과 일몰이 가까워지는 시간대 태양 쪽 낮은 하늘이 어두운색을 띠고 있다면 하늘에 먼지가 많다는 뜻이랍니다. 진한 붉은색의 태양을 볼 기회예요.

붉은 달이 뜨는 이유는 무엇일까?

CHAPTER 2
38

붉은 달이 나타나면 나쁜 일이 생길 것 같아 불안해하는 사람이 있을지도 몰라요. 그러나 지평선 가까운 낮은 하늘에 뜬 달은 맑은 날이라면 언제나 빨간색을 띱니다.

낮은 하늘에서 달이 붉어지는 이유는 아침노을과 저녁노을이 붉은 것과 같은 원리랍니다. 달에서 오는 빛이 대기층을 통과하며 레일리산란으로 붉은빛만 남는 거죠. 지평선에서 밤하늘에 떠오른 달은 빨간색이었다가 점점 주황색에서 노란색으로 변하고, 하늘 높이 떠오르면 하얗게 됩니다. 하늘에 공기의 분자(매우 작은 입자)와 먼지가 많을 때 낮은 하늘에 보이는 달은 마법을 걸어 놓은 듯한 신비로운 붉은색을 보여 줘요.

하늘로 높이 떠오를수록 달의 색도 변해요.

깨알지식 한국천문연구원 천문우주지식정보 사이트에서 지역별로 '월출 시간'을 검색할 수 있어요. 타이밍이 맞는다면 맑은 밤하늘, 낮은 하늘에 떠 있는 붉은 달을 꼭 찾아보세요.

CHAPTER 2

39 사실은 자주 볼 수 있다? 그림 같은 빛내림!

기분까지 어두워지는 흐린 날이라 해도 하늘을 올려다보면 아름다운 풍경을 만날 수 있어요. 흐린 날은 특별히 빛내림을 볼 수 있지요.

빛내림은 구름 틈새로 나온 빛이 땅을 향해 뻗어 나오는 현상을 말해요. 이것은 **박명광선**으로 하늘의 먼지 같은 작은 입자들에 빛이 부딪치면서 빛의 경로가 보이게 되는 틴달(tyndall)현상에 의해 일어납니다. 특히 흐린구름(층적운)과 양떼구름(고적운)이 하늘에 넓게 펴져 있을 때 구름 사이로 틈이 보인다면 빛내림과 만나게 될 기회예요.

빛내림은 구약성경 창세기에 등장하는 야곱이라는 사람이 꿈에서 빛의 사다리로 하늘을 오르내리는 천사를 보았다는 이야기에서 유래하여 **야곱의 사다리**라고 불리기도 해요. 또한 네덜란드의 화가 렘브란트가 빛내림을 모티프로 그림을 그렸기 때문에 **렘브란트광선**이라 부르기도 한답니다.

하늘에 빛내림이 나타나면 매일 보던 익숙한 풍경도 성스럽게 보일 거예요. 이 현상은 아침저녁 하늘에서 만날 수 있고, 흐린 날에는 높은 확률로 발견할 수 있어요.

| 깨알 지식 | 빛내림은 시간대에 따라 색이 달라요. 일출과 일몰 시간대일수록 따뜻한 색이 강하고, 태양이 조금 더 높이 올라간 아침저녁 시간에는 황금색, 낮 12시에 가까워지면 흰색을 띠게 됩니다. |

하늘에서 천사가 내려올 것 같아요!

낮 12시 태양이 높이 뜨면 흰빛을 내는 **빛내림**을 볼 수 있어요.

아침과 해 질 녘 하늘에 퍼지는 따뜻한 색감의 빛내림입니다.

CHAPTER 2
40
빛과 그림자가 만드는 마법 같은 풍경

여름 저녁의 하늘은 밝은 부분과 어두운 부분이 선명하게 나뉘어 마치 하늘이 크게 갈라진 것처럼 보일 때가 있어요. 이 모습은 적란운과 같은 키 큰 구름 때문에 **박명광선**이 생기고, 구름의 그림자에 의해 어두운 부분이 나타나면서 보여요.

여름 오후 시간, 바다에서 멀리 떨어진 내륙에서는 적란운이 발생하기 쉬워요. 그중에서도 태평양 쪽에 위치한 지역에서는 서쪽 하늘에서 키가 큰 구름을 종종 볼 수 있죠. 키가 큰 구름 뒤로 태양이 저물어 갈 때면 박명광선이 하

하늘에 구름의 그림자가 드리워져 마치 하늘이 갈라진 것 같아요.

박명광선으로 물든 저녁 하늘. 서쪽 하늘에 적란운이 발달하면 이 같은 풍경을 만나게 될지도 몰라요.

태양과 정반대편인 대일점을 향해 모이듯 뻗어 가는 반박명광선의 빛과 그림자.

반박명광선도 하늘이 둘로 나뉘는 것처럼 보여 환상적입니다.

서쪽 하늘에서 적란운이 발달하고 박명광선과 반박명광선이 나타나는 때 스마트폰 카메라의 파노라마 모드를 이용해 동-남-서로 이어지는 하늘을 찍은 사진.
빛과 그림자가 이어져 있는 것을 알아볼 수 있습니다.

늘 위로 펼쳐져요. 이때 빛이 구름을 빠져나가 통과한 부분과 구름의 그림자 부분의 경계가 하늘로 넓게 퍼지면서 마치 하늘이 둘로 갈라지는 것처럼 보여요. 그야말로 '하늘을 가른다'라고 표현할 수밖에 없는 풍경이랍니다.

이때는 태양 쪽의 하늘뿐만 아니라 그 반대쪽의 하늘도 봐 주세요. 태양 쪽의 하늘에서 발생한 빛과 그림자가 만든 길이 반대쪽의 대일점을 향해 모이고 있거든요(**반박명광선**). 빛과 그림자가 만드는 마법 같은 이 풍경도 놓쳐서는 안 될 하늘의 모습이랍니다!

깨알 지식
맑게 갠 낮 시간에 적운이 하늘에 떠 있고, 태양이 그 구름에 가려지면 구름에서 박명광선의 빛과 그림자가 거미줄처럼 뻗어가는 것을 볼 수 있습니다. 이 모습이 입에서 광선을 내뿜는 괴수처럼 보일 때도 있어요.

CHAPTER 2

41 태양이 언제나 둥근 것만은 아니다

해가 뜰 때 지평선에서 솟아오르는 태양은 동그란 원이 아닌 다른 모양으로 보일 때가 있어요. 이것은 **신기루**와 같은 원리로 나타나는 현상이에요.

신기루는 온도가 다른 대기층이 쌓이면서 퍼질 때 빛이 휘면서(굴절) 발생해요. 차가운 공기는 따뜻한 공기보다 빛을 크게 휘게 하는 성질이 있어요. 그래서 만약 땅과 가까운 곳이 차갑고 그 위로 따뜻한 공기층이 만들어지면 빛이 아래쪽으로 휘어요. 이 때 먼 곳의 풍경이 위로 늘어난 것처럼 보이고(**상위신기루**), 태양이 타원이나 사각형의 모양을 띠게 되어요. 반대로 아래가 따뜻하고 위가 차가울 때는 빛이 위쪽으로 휘게 되고 먼 곳의 풍경이 아래쪽으로 늘어나면서(**하위신기루**) 태양이 와인잔이나 오뚝이 같은 형태가 된답니다.

타원형이나 사각형의 태양은 공기가 차가운 맑은 겨울 아침에 나타날 확률이 높아요. 와인잔이나 오뚝이 모양의 태양을 보고 싶다면 따뜻한 바다 위로 차가운 대기가 흐르는 때를 노려야 합니다. 평소와 다른 모습의 태양을 감상해 보세요.

깨알 지식 빛의 굴절은 공기 온도에 따라 다르게 일어나요. 촛불의 바로 위쪽은 공기 온도가 부분적으로 크게 바뀌기 때문에 배경이 마치 일렁이듯 보인답니다(아지랑이 또는 시뮬레이션 현상).

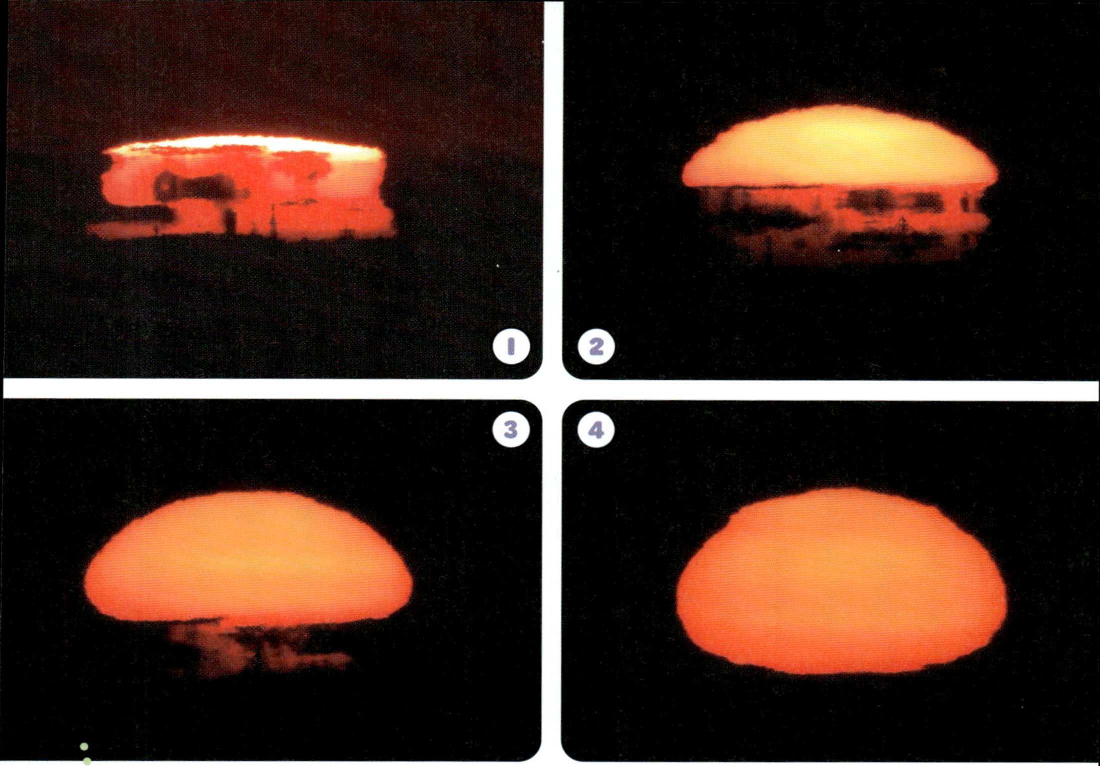

①

②

③

④

①은 일출 직후인 태양의 모습이에요. 태양이 솟아오르면서 ②~④처럼 모양이 변해요.

위로 늘어나는 것처럼 보이는 원리

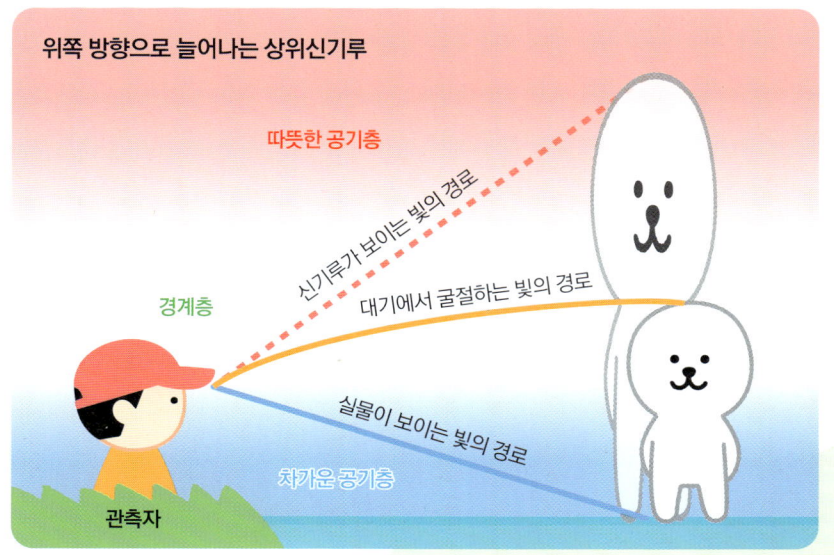

위쪽 방향으로 늘어나는 상위신기루

따뜻한 공기층

신기루가 보이는 빛의 경로

대기에서 굴절하는 빛의 경로

경계층

실물이 보이는 빛의 경로

차가운 공기층

관측자

97

사실은 이것도 신기루? 도로에서 보게 되는 땅거울

CHAPTER 2
42

신기루는 특정한 곳에서만 볼 수 있는 특별한 현상이라고 생각하기 쉽죠. 특정 계절과 장소에서 볼 수 있는 상위신기루도 있지만 우리 주변에도 쉽게 만날 수 있는 신기루가 있답니다.

바로 도로에서 볼 수 있는 **땅거울**이에요. 맑은 날 태양 빛이 쨍쨍 내리쬐는 한낮에는 도로의 표면이 뜨거워져요. 그러면 도로에 닿은 공기 온도가 올라가고, 바로 위쪽의 공기와 온도차가 커지면서 먼 곳의 풍경이 아래 방향으로 늘어나는 **하위신기루**가 발생해요. 이때 곧게 뻗은 도로 끝에 물웅덩이처럼 보이는 것이 땅거울이랍니다. 하위신기루는 바다에 섬이 떠 있는 것처럼 보인다 하여 **뜬섬현상**이라고 불리기도 해요.

땅 거울은 도로 표면과 도로에 가까운 공기가 뜨거워지고 있다는 증거이기도 해요. 신기루가 대기 상태를 알려 주고 있다고 할 수 있겠네요.

> **깨알지식**
> 한여름 낮 12시의 아스팔트 표면 온도는 60℃를 넘을 때도 있어요. 이때는 단 몇 초간 아스팔트에 살갗이 닿기만 해도 심한 화상을 입을 수 있을 만큼 위험하답니다. 특히 기온이 35℃를 넘는 날에는 손으로 도로 표면을 만지지 마세요!

땅거울에 벚꽃이 비쳐서 마치 벚꽃 잎이 물웅덩이에 떠 있는 것처럼 보여요.

뒤집어져 보이는 원리

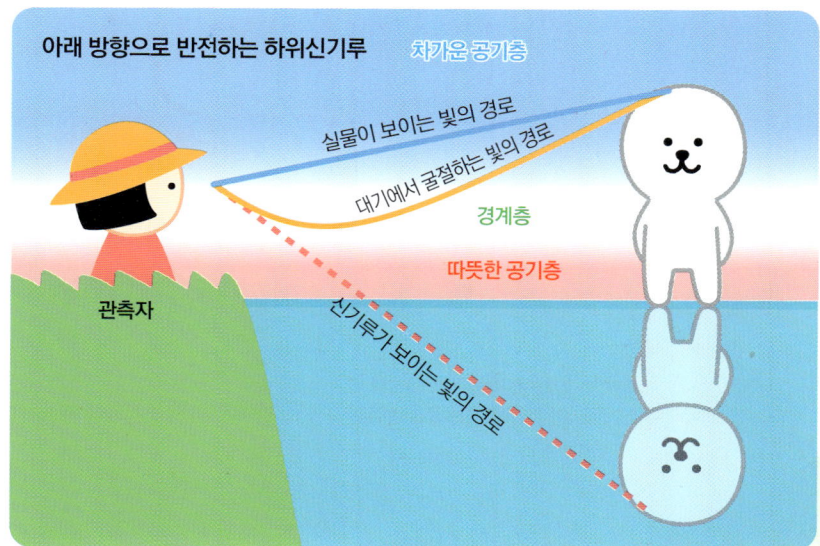

99

세상에서 가장 간단한 무지개 만들기

맑은 날 무지개를 찾아보세요.   물을 뿌려 무지개를 만들 수 있습니다.

무지개를 보고 싶은데 좀처럼 타이밍을 맞출 수 없어서 보기 힘든가요? 무지개가 나타나는 순간을 포착하는 것은 쉽지 않아요. 이때는 스스로 무지개를 만들어 보면 어떨까요?

무지개는 반드시 비 입자가 있어야만 나타나는 건 아니에요. 태양과 반대쪽에 물 입자가 떠 있기만 하면 볼 수 있어요. 그래서 맑은 날에 내 그림자가 생기는 방향으로 물을 뿌리면 간단히 무지개를 만들 수 있어요. 사다리처럼 약간 높은 곳에 올라가 물을 뿌리면 원 모양의 무지개(p.60)도 만들 수 있고, 주무지개와 함께 부무지개도 볼 수 있을 거예요.

맑은 날이라면 공원 분수에서도 무지개를 볼 수 있어요. 태양을 등지고 태양과 나와 분수가 일직선을 이루는 곳에 서 보세요. 비가 갠 뒤 거미줄에 맺힌 물방울에서도 무지개를 볼 수 있답니다.

비 갠 하늘에 커다랗게 걸린 무지개는 무척 아름답지만 일상에서 언뜻 발견하는 무지개도 아름답고 즐거움을 주는 존재입니다. 이제부터는 무지개가 보고 싶어지면 스스로 무지개를 만들어 보거나 분수가 있는 공원에서 무지개를 찾아보세요.

놀라운 기상 이야기

'기상'이란 하늘과 구름의 상태, 그 결과로 내리는 비와 눈, 저기압과 지구 전체의 하늘까지 포함하는 다양한 대기 현상을 일컫는 말입니다. 이 챕터에서는 비와 눈부터 호우와 태풍, 지구온난화 등 신기한 기상에 대해 이야기해 보겠습니다.

CHAPTER 3
43 비 입자는 동글동글한 만두처럼 생겼다

빗방울을 그려 보라고 하면 머리(상부)가 뾰족한 물방울 모양을 떠올리기 쉽죠. 이런 모양의 물방울 캐릭터도 많이 있어서 비를 그릴 때 머리를 뾰족하게 그리는 사람이 많을 것 같아요. 그러나 하늘에서 내리는 비 입자의 머리는 **뾰족하지 않답니다.**

비구름 속에는 크기가 다른 비 입자가 가득해요. 입자의 크기가 다르면 무게도 달라지기 때문에 하늘에서 떨어지는 속도도 제각각(시속 20~30km)이랍니다. 그래서 비 입자들끼리 부딪치고 합쳐지면서 크기가 점점 커져요. 어느 정도 커진 비 입자는 떨어지면서 부딪치는 공기에 눌려(**공기저항**) 만두 같은 모양이 됩니다. 결국 머리가 뾰족한 물방울 모양이 되고 싶어도 될 수 없는 거죠.

덩치가 커진 비 입자들은 공기저항을 이기지 못하고 작은 크기로 쪼개졌다가 다시 손을 맞잡고 합체하여 지상으로 떨어집니다. 비 오는 날에는 비 입자들이 하늘에서 펼치는 모험을 상상하며 비를 감상해 보세요.

깨알 지식 물웅덩이에 떨어진 비 입자는 왕관 모양이 되어 사방으로 튑니다. 작은 물 입자는 표면을 작게 하려는 성질이 있어(**표면장력**) 수면 위를 데굴데굴 구르는 모습도 볼 수 있어요.

비 입자의 이상과 현실

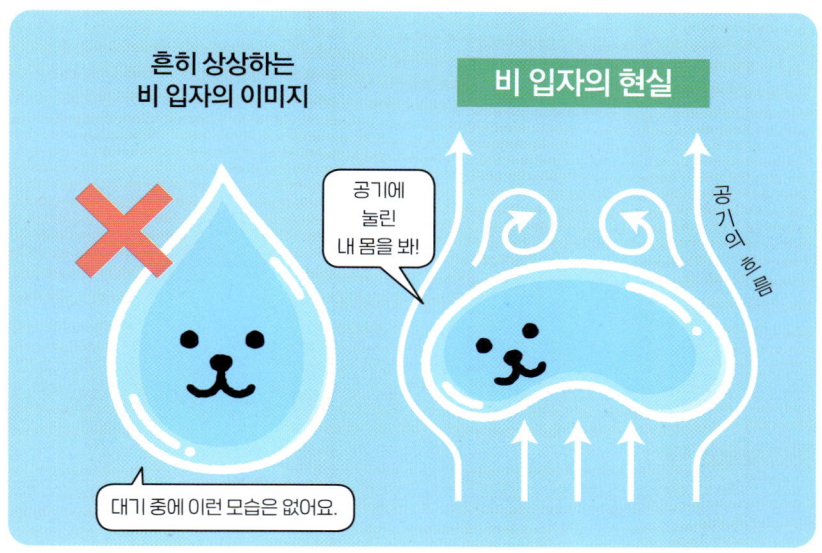

비 입자는 실제로 만두 같은 모양이에요.

하늘에서 내리는 눈과 비의 입자는 모두 121종류!

하늘에서 내리는 **눈의 결정**을 떠올리라고 하면 일루미네이션처럼 육각형에 여섯 갈래로 뻗은 모양이 생각납니다. 그러나 실제 눈 결정은 훨씬 더 다채로운 모양이랍니다.

하늘에서 내리는 눈과 비의 입자는 비와 눈이 섞인 진눈깨비와 커다란 얼음 덩어리인 우박을 포함하여 전부 **121종류**나 된다고 해요(눈 결정·빙정·고체 강수에 관한 국제 분류표). 눈 결정이 처음 생길 때는 육각 기둥 모양이에요. 이 결정이 구름 속의 기온에 따라 위아래, 양옆 중 한 방향으로 성장하고, 수증기의 양에 따라서 크기가 커져요. 지상에 내리는 눈의 결정을 보고 하늘의 상황을 알 수 있기 때문에 물리학자 카아야우 키치로는 "**눈은 하늘에서 보내는 편지다.**"라고 말하기도 했답니다.

전형적인 나뭇가지 모양의 눈 결정도 아름답지만, 포탄이나 장구 모양의 결정도 매우 귀여워요. 국제 분류표(p.106~107)를 보며 맘에 드는 결정을 골라 보세요.

깨알 지식: '물에게 말을 걸면 결정의 형태가 달라진다.'라는 속설이 있죠. 과학적으로 근거가 없는 말이랍니다. 인터넷에는 이렇게 과학적으로 틀린 정보도 많이 있으니 반드시 여러 자료를 찾아보고 확인해야 해요.

판 모양

판 모양은 나뭇가지 모양과 온도는 같지만 수증기가 적은 눈구름에서 성장해요.

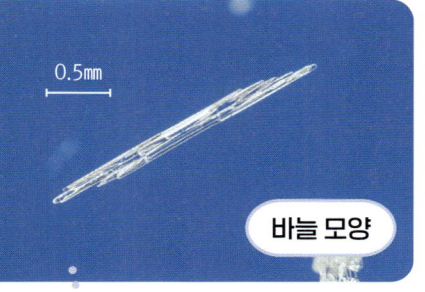

바늘 모양

온도가 높고 습한 눈구름 속에서 자란 결정이에요.

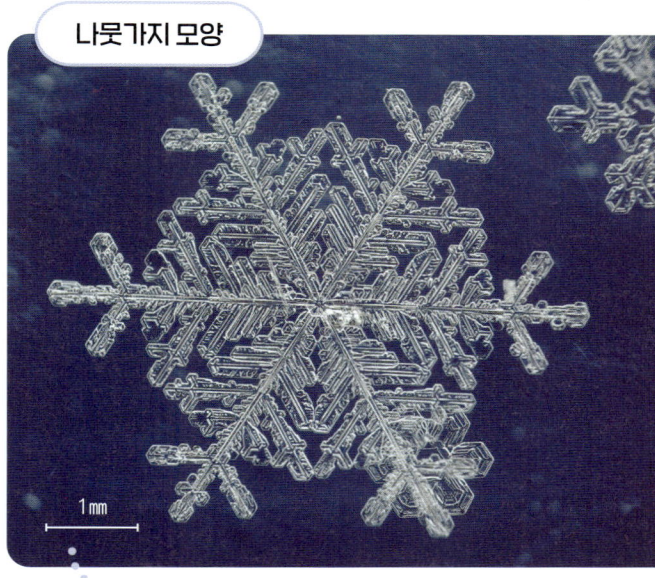

나뭇가지 모양

습기가 많은 눈구름 속에서 크게 성장한 결정이에요.

눈 결정의 형태와 기온·수증기량의 관계(고바야시 다이어그램)

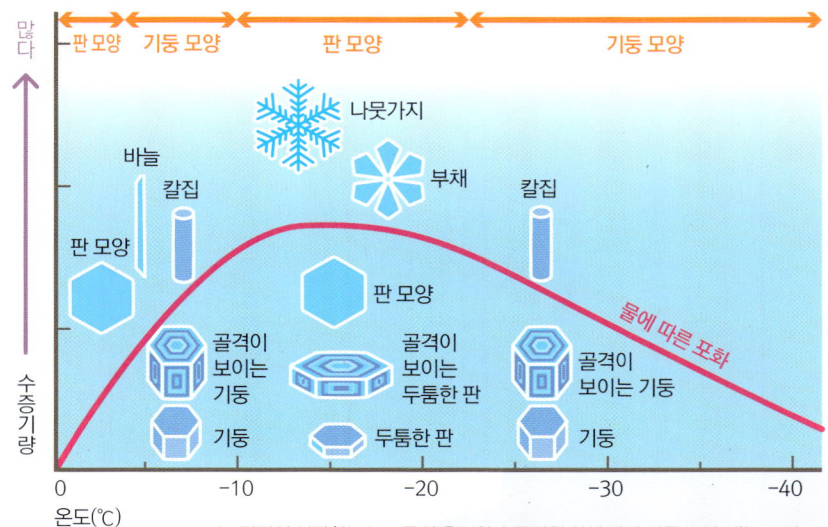

눈 결정이 성장하는 눈구름의 온도와 수증기의 양에 따라 기둥 모양, 바늘 모양, 판 모양, 나뭇가지 모양 등 결정의 형태가 달라져요.

105

눈 결정·빙정·고체 강수에 관한 국제 분류표

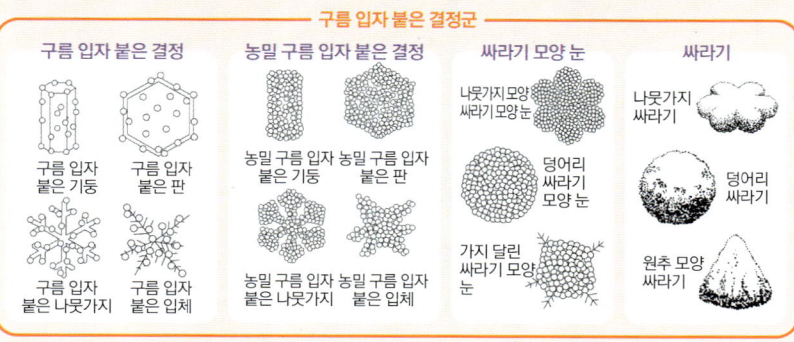

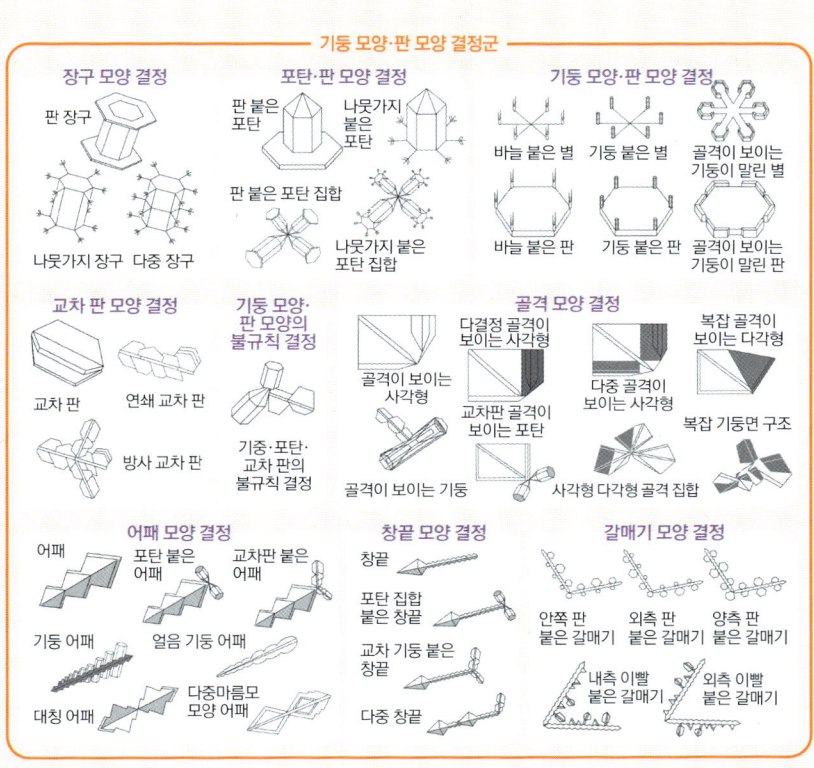
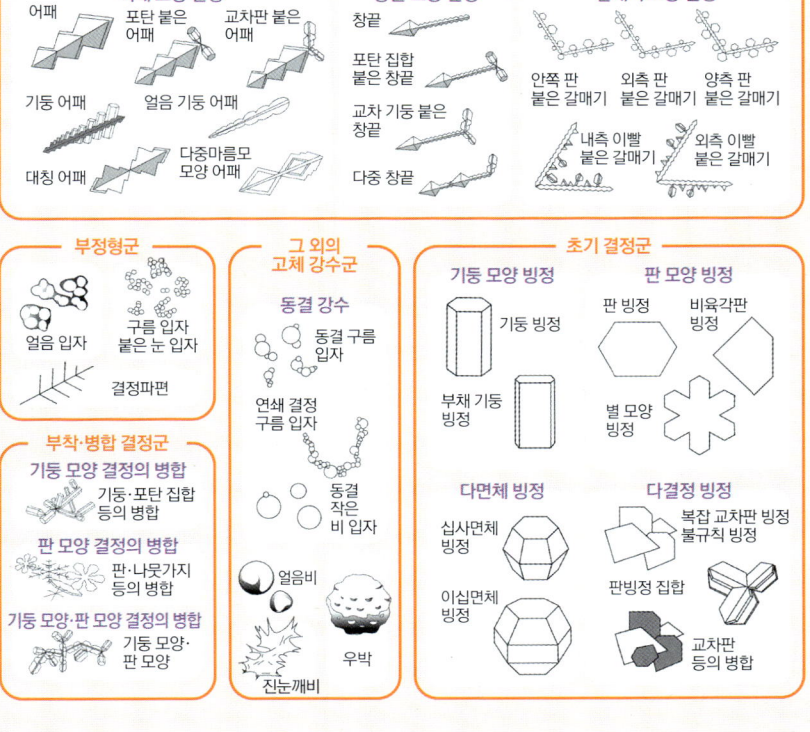

CHAPTER 3

45 눈 결정은 스마트폰으로 선명하게 찍을 수 있다

'눈 결정은 작으니까 현미경 같은 전문 장치가 있어야 볼 수 있지 않을까?'라고 생각할 수 있는데 사실은 그렇지 않아요. 결정의 형태는 육안으로도 볼 수 있고, **스마트폰 카메라로 촬영**할 수도 있어요.

눈 결정을 촬영할 수 있는 절호의 기회는 눈 결정이 **착지한 직후**예요. 이때는 크게 성장한 나뭇가지 모양과 판 모양, 바늘 모양, 기둥 모양의 결정 등 육안으로도 눈 결정의 형태를 잘 알아볼 수 있어요. 파란색이나 검은색 같은 어두운 색의 천을 대고 보면 결정을 확인하기 더욱 쉬워요.

스마트폰으로 촬영할 때는 결정에서 약 10cm 떨어진 위치에서 사진을 찍으면 초점이 잘 맞은 사진을 얻을 수 있어요. 더욱 선명하게 찍고 싶을 때는 시중에서 쉽게 구할 수 있는 **스마트폰용 매크로 렌즈**를 사용해 보세요. 매크로 렌즈

깨알 지식 기상청에서 운영하는 블로그 '생기발랄'에 접속하면 눈 결정 이야기를 포함한 다양한 날씨 과학 이야기를 읽어 볼 수 있어요. 궁금하다면 '기상청 블로그'를 검색해서 확인해 보세요!

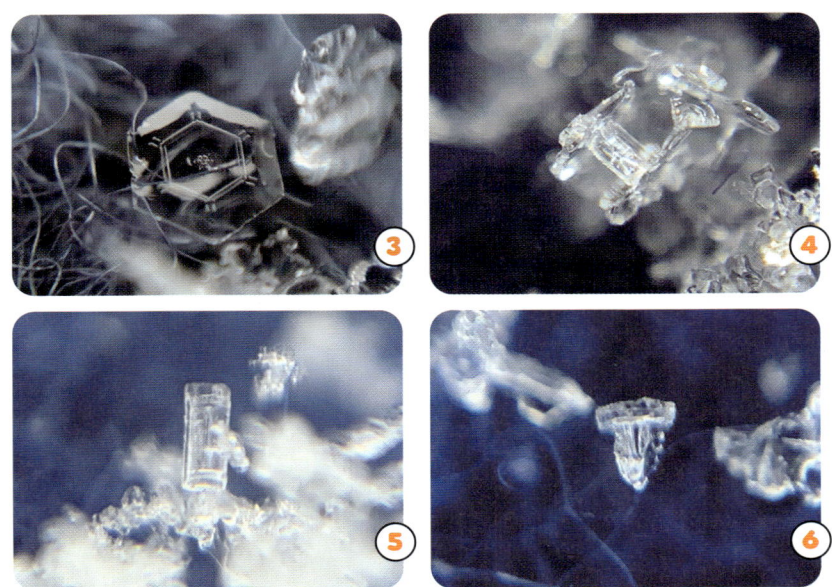

이름 맞히기 퀴즈
스마트폰에 매크로 렌즈를 대고 촬영한 눈 결정들. 어떤 눈 결정인지 국제 분류표(p.106~107)에서 찾아보세요(정답은 p.171에 있습니다).

를 끼우면 눈 결정에서 수 cm 거리만 두어도 초점이 맞아 아름다운 결정을 크게 촬영할 수 있어요. 손목을 지면에 붙이는 것이 흔들림 없이 찍을 수 있는 요령이랍니다. 눈 내리는 날에는 추위에 대비해 옷차림을 따뜻하게 하고 눈 결정을 관찰하러 나가 봅시다!

눈 결정을
촬영하고 있는 모습.

여름에 내리는 비는 어디에서 오는 걸까?

무더운 여름날에 갑자기 내리는 소나기를 떠올려 보세요. 비 입자가 지면에 떨어지자마자 튀어 오르는 모습은 여름을 노래한 한 편의 시 같지요. 이렇게 한여름에 내리는 비를 포함해 **한국에서 내리는 비의 대부분은 상공의 눈이 녹아 내리는 거랍니다.**

비를 내리게 하는 구름은 적란운과 난층운입니다. 이 구름들은 다른 구름들보다 키가 큰 특징이 있어요. 높은 하늘에 있는 구름은 뜨거운 여름에도 어는점보다 온도가 낮아요. 적란운을 예로 들어 볼까요? 구름 속에서 일어나는 일을 생각해 봅시다. 먼저 상승기류에 의해 하늘로 오르는 구름 입자가 얼어 얼음 결정이 되고, 수증기를 양분 삼아 크게 성장해요. 무거워진 얼음 결정은 눈이나 싸라기가 되어 땅으로 떨어져 내립니다. 땅에 가까워질수록 기온은 올라가고 0℃보다 따뜻한 지점에 도달하면 눈이나 싸라기는 녹아서 비로 변해요. 물론 한겨울처럼 땅이 0℃ 이하라면 얼음 결정은 녹지 않고 눈 상태 그대로 땅까지 내려올 수 있답니다.

하늘에서 내리는 비 입자들은 구름 속에서 장대한 여행 끝에 지상에 다다르는 셈이에요. 비 입자들은 증발하여 수증기가 되거나 다시 새로운 하늘 여행을 떠나게 되겠지요.

깨알 지식 눈이 녹아서 비가 되는지 아닌지는 땅 근처의 온도와 습도로 결정됩니다. 기온이 0℃ 이상이라고 해도 습도가 낮고 건조한 때라면 눈이 내리게 되지요. 건조한 하늘에서는 눈이 증발(승화)하며 자기 자신을 얼게 하기 때문에 쉽게 녹지 않습니다.

구름 속에서 일어나는 복잡한 일들

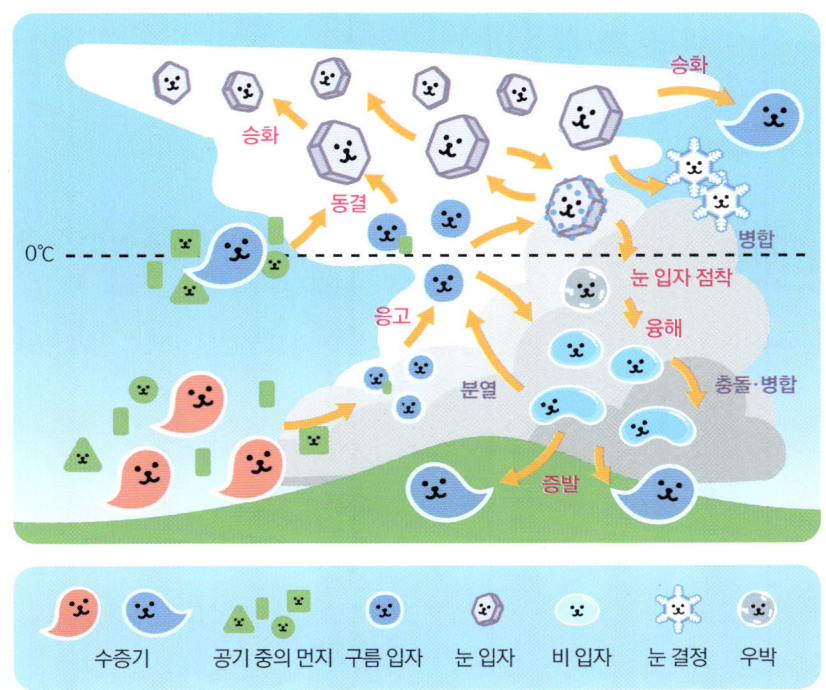

여름 하늘에서 내리는 비는 상공에서 성장한 눈과 우박이 녹은 거예요.

CHAPTER 3
47

게릴라성 호우의 원인은 적란운!

갑자기 내리는 비를 **게릴라성 호우**라고 부르죠. 이 호우의 정체는 적란운에 의한 국지적인 비로 옛날부터 자주 있어 온 현상이랍니다.

적란운은 30분~1시간 정도로 짧은 시간 안에 생을 마쳐요. 적란운이 옆으로 뻗는 길이는 수 km~수십 km 정도인데요, 이동하는 적란운이 우리 머리 위를 지날 때면 돌연 비가 쏟아지고, 지나가면 바로 비가 그칩니다.

하나의 적란운이 쏟아 내는 비의 양은 수십 mm 정도예요. 하지만 적란운의 일생(p.36) 중 여러 세대의 구름이 모여 있는 단계의 거대한 적란운(**멀티셀**)이라면 생이 길어지고 내리는 비의 양도 증가해 지하철역과 도로 등을 물에 잠기게 하는 일도 일어납니다.

게릴라성 호우는 최근에 생긴 예측할 수 없는 위험한 현상처럼 느껴지지만, 옛날부터 '지나가는 비'나 '소나기'라는 이름으로 불려 왔습니다. 레이더의 강수량 정보(p.64)를 적절히 활용하여 게릴라성 호우가 그저 지나가는 비가 될 수 있도록 미리 대비하세요.

깨알 지식 스콜이라고 하면 열대 지역의 비를 떠올리기 쉽죠. 스콜은 사실 항해 용어이며 본래 의미는 '갑작스럽게 강해진 바람'을 뜻해요. 갑자기 바람이 강해지는 현상으로는 돌풍도 있는데, 돌풍은 20초 안에 잠잠해지고 스콜은 1분 이상 계속됩니다.

적란운의 생성 과정

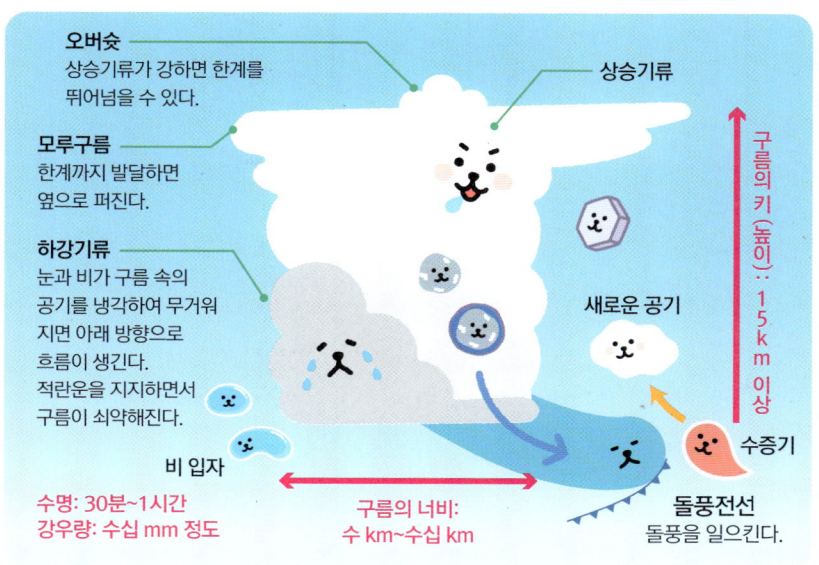

오버슛: 상승기류가 강하면 한계를 뛰어넘을 수 있다.

모루구름: 한계까지 발달하면 옆으로 퍼진다.

하강기류: 눈과 비가 구름 속의 공기를 냉각하여 무거워지면 아래 방향으로 흐름이 생긴다. 적란운을 지지하면서 구름이 쇠약해진다.

상승기류

새로운 공기

수증기

돌풍전선: 돌풍을 일으킨다.

구름의 키(높이): 15km 이상

비 입자

수명: 30분~1시간
강우량: 수십 mm 정도

구름의 너비: 수 km~수십 km

적란운으로 인해 국지적으로 큰비가 내릴 때는 어떤 지역을 경계로 한쪽은 비가 오고 바로 옆은 해가 쨍쨍한 날이 되기도 합니다.

갑자기 쏟아지는 비라고 생각하기 쉽지만 레이더에서는 비가 내리기 훨씬 전부터 알아볼 수 있어요.

선상강수대는 적란운이 늘어서면서 만들어진다

　선상강수대(스콜선, squall line)에서는 보통 억수 같은 비가 쏟아지곤 합니다. 선상강수대란 **집중호우**의 원인이 되는 현상으로 줄지어 선 적란운과 그 아래 비가 내리는 지역을 통틀어 지칭하는 용어입니다.

　하나의 적란운에서 내리는 비의 양은 수십 mm로 꽤 많은 양이라고 할 수 있지만, 바람이 불어 구름이 흘러간다면 잠깐 지나가는 비로 그치기도 해요. 그러나 적란운이 바람의 위로 끊임없이 발생하고 서로 이어지면 좁은 범위의 지역에 몇 시간에 걸쳐 강한 비가 내리게 됩니다. 이때 최소 강우량이 100mm~수백 mm에 달하는 집중호우가 발생하죠.

　적란운이 움직이는 방향의 뒤쪽으로 새로운 적란운이 발생하는 걸 적란운의 **후방생성**(back building)이라고 부릅니다. 이 외에도 전선 위로 적란운이 줄지어 늘어서면서 선상강수대가 만들어지기도 해요.

　선상강수대는 큰 재해를 일으킬 수 있는 위험한 현상이지만 예측하기 어려워요. 하지만 선상강수대를 예측하고, 예측 정확도를 높이기 위한 연구가 활발히 진행되고 있으니 우리 모두 조금만 더 기다려 볼까요?

 깨알지식 선상강수대를 예측하기 위해서는 바람 위쪽에 있는 수증기를 정확히 관측하는 것이 중요해요. 일본에서는 선상강수대를 예측하기 위해서 연구를 계속하고 있다고 합니다.

선상강수대의 생성 원리

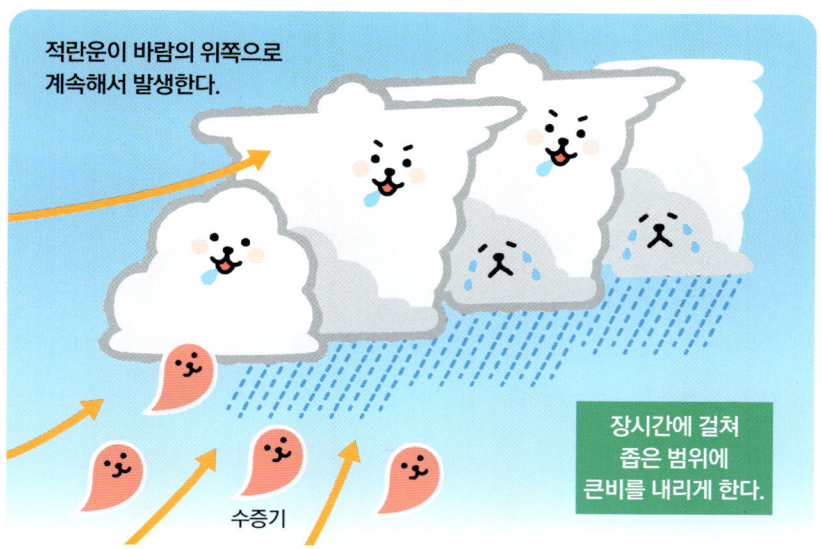

적란운이 바람의 위쪽으로 계속해서 발생한다.

수증기

장시간에 걸쳐 좁은 범위에 큰비를 내리게 한다.

선상강수대의 구름. 적란운이 연달아 이어져 있어요.

일본의 '2020년 7월 호우'의 선상강수대

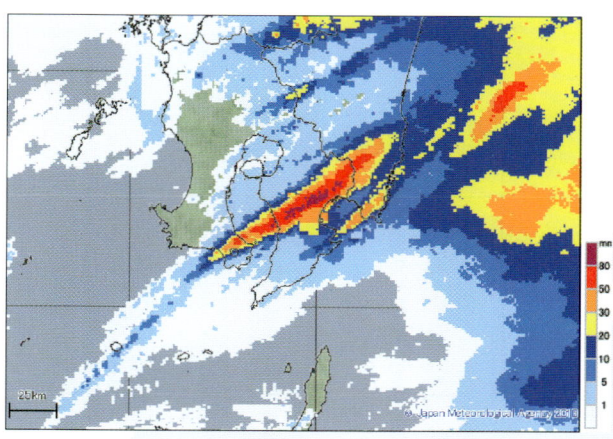

CHAPTER 3
49

한여름에 하늘에서 얼음이 떨어진다!

무더운 한여름에 갑자기 하늘이 어두워지면서 얼음덩어리가 쏟아져 내릴 때가 있죠. 이 얼음덩어리는 그 이름도 무시무시한 우박입니다.

적란운 속에 있는 얼음 입자가 크게 성장할 때가 있는데요, 지름 5mm 미만의 얼음은 **싸라기**, 지름 5mm 이상의 얼음은 **우박**으로 분류해요. 우박은 대기 상태가 불안정하고 적란운이 발달하기 쉬운 봄, 여름, 가을에 많이 발생해요.

우박은 큰 얼음덩어리로 한여름에도 녹지 않고 그대로 지상까지 떨어지는데요, 그 크기가 무려 자몽만 할 때도 있어요. 낙하하는 속도는 초속 30m(시속 108km) 이상이나 된답니다. 2021년 충주 중·북부 지역에 최대 2cm 지름의 우박이 떨어져 농작물 피해가 발생했고, 같은 해 호주에서도 지름이 16cm나 되는 우박이 떨어져서 화제가 되었어요.

우박이 많이 내리면 비와 함께 낮은 곳으로 흘러가기 때문에 여름에도 눈이 쌓인 것 같은 풍경을 볼 수 있어요. 커다란 우박은 지붕을 부수기도 하고 사람이 맞으면 큰 부상을 입을 수 있으므로 우박이 떨어지면 신속히 안전한 건물로 대피하세요.

깨알 지식 우박은 구나 타원, 원뿔과 같은 모양일 때가 많지만 멍게처럼 뿔이 솟은 모양도 있어요. 이 모양은 녹았던 우박의 표면이 다시 얼 때 생기는 것이라고 합니다.

2021년 10월 22일 충주시에 쏟아진 우박. 　　　　　　　출처: 충주시

둥글지 않고 뿔난
우박도 있어요.

우박의 단면은 나이테처럼 생겼다

하늘에서 내리는 커다란 얼음덩어리인 우박을 반으로 잘라 단면을 보면 마치 나무의 나이테 같은 줄무늬를 볼 수 있어요. 이 줄무늬는 어떻게 생기는 걸까요? 함께 살펴보아요.

먼저 적란운 속에서 구름의 위쪽에서 떨어지기 시작한 눈 결정에 0℃보다 차가운 과냉각(p.46)된 물 입자가 붙은 구름 입자 붙은 결정(p.106)이 생기게 돼요. 이 결정이 회전하면서 떨어지면 싸라기가 됩니다. 그러나 0℃보다 따뜻한 층에서는 싸라기의 표면이 녹고, 구름의 상승기류에 의해 다시 0℃보다 차가운 하늘로 들어 올려지기도 해요. 이렇게 들어 올려지며 싸라기의 표면을 감싼 물은 다시 얼게 되죠. 그리고 다시 과냉각으로 물 입자가 들러붙어 떨어지고 올라가기를 반복하면서 커다란 우박이 되는 거예요.

과냉각된 물 입자는 얼음 입자가 되는 층에서 얼음 입자들끼리 붙으며 틈이 생기게 되고 색이 불투명해져요. 하지만 물로 막을 이룬 층에는 틈이 없어 색이 투명하기 때문에 **나이테와 같은 무늬**가 만들어지는 거랍니다. 땅에 떨어진 우박을 반으로 잘라 줄무늬의 수를 세어 보면 몇 번의 상승 하강 운동이 있었는지 알 수 있을지도 몰라요.

> **깨알지식** 고대 중국에서 쓰던 한자를 보면 '싸라기(霰)'는 평화를 나타내고, '우박(雹)'은 세상이 어지러워질 전조로 생각했던 것을 알 수 있어요. 싸라기는 지면에 닿으면 굴러 흩어지고(散), 우박은 감싸인(包) 알갱이라는 의미로 보면 이들의 물리적 특징이 한자에서도 잘 표현되고 있는 것이 아닌가 싶어요.

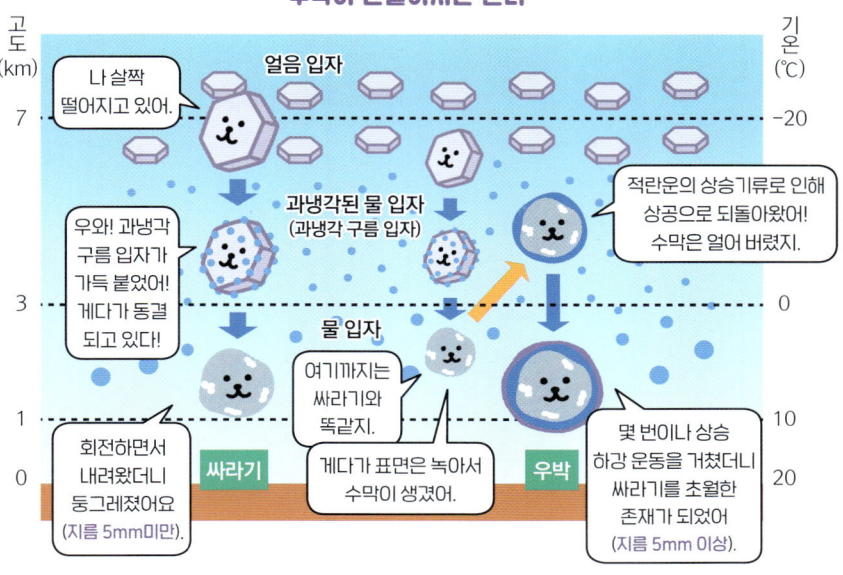

단면이 나무의 나이테처럼 보이는 우박.

CHAPTER 3
51 하늘로 솟아오르는 번개가 있다

　적란운은 천둥을 동반하기 때문에 뇌운이라고 불리기도 해요. 번개는 보통 떨어지는(落) 모양이라서 '**낙뢰**(落雷)'라고 하지만, 하늘로 솟구치는 번개도 있답니다.

　여름의 적란운 속에는 얼음 입자들이 서로 부딪치면서 전기를 띠게 돼요(전하). 구름의 상승기류와 얼음 입자의 낙하에 의해 입자가 위아래로 이동하고, 전기 쏠림 현상이 생겨납니다(전하분리). 그러면 적란운의 윗부분에서 아랫부분으로 양·음·양 전기가 만들어지고(삼극구조), 음의 전기가 그 아래에 있는 양의 전기를 없앤 다음 구름을 가르고 나와 땅으로 향해요(계단형 선도, stepped leader). 이것이 지상에서 뻗어 있는 양의 전기와 이어지면 지면에서 단번에 양의 전기가 흐르고(귀환뇌격), 그 뒤를 이어 다시 구름에서 지면으로 음의 전기가 흐릅니다(화살형 선도, dart leader). 한 번의 낙뢰에 필요한 시간은 약 0.5초지만 이 순간에도 **위아래로 오가는 게 몇 번이나 이루어지고 있는 거예요**.

　낙뢰가 치는 모습을 스마트폰의 슬로 모드 기능으로 촬영하면 몇 번이나 같은 경로로 전기가 흐르는 것을 관찰할 수 있답니다.

1깨알 지식　'번개가 치는 장소에서 버섯이 잘 자란다.'라는 말이 있는데 실제로 전기를 흘려주면 표고버섯의 수확량이 2배 이상으로 늘어난다는 연구 결과가 있어요. 번개를 맞고 위험에 처한 표고버섯은 살아남기 위해 자라는 힘을 더 키우기 때문이랍니다.

갈라져 나온 계단형 선도와 대량의 전기가 흘러 두꺼워진 낙뢰의 방전 경로.

여름철 뇌운에서 일어나고 있는 일

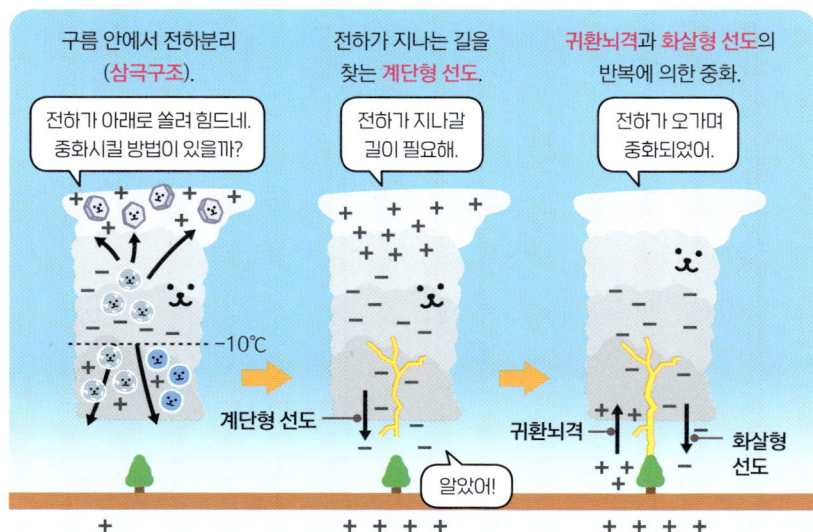

낙뢰는 순식간에 치지만, 실제로는 위로 솟는 번개와 아래로 떨어지는 번개가 여러 번 발생하게 됩니다. 겨울 번개는 적란운의 키가 낮기 때문에 여름 번개와 비교해 에너지가 더 클 수 있어요.

낙뢰는 어디에 떨어지는 걸까?

낙뢰는 적란운의 바로 아래에 떨어지는 경우가 대부분이지만 적란운 근처 비가 내리지 않는 곳에 떨어지기도 해요.

적란운의 가로 방향 너비는 수 km~수십 km이고 비가 내리는 범위도 매우 제한적이에요. 그 때문에 적란운이 높은 하늘을 통과하고 날이 개는 데까지는 그리 긴 시간이 걸리지 않아요. 이 모습을 보며 밖이 안전해졌다고 생각할지 모르지만 **천둥소리가 들리는 곳에서는 낙뢰가 떨어질 위험이 있답니다.** 그러니 천둥소리가 들리지 않을 때까지 건물이나 자동차 안에 머무는 게 좋아요.

안전한 상태에서 번개가 보인 뒤 천둥소리가 들릴 때까지 얼마나 시간이 걸리는지 측정해 봅시다. 빛의 속도는 초속 약 30만km로 아주 짧은 순간이지만 소리의 속도는 초속 약 340m이므로 측정한 시간(몇 초인지)에 340을 곱하면 번개가 친 곳까지의 거리(m)를 계산할 수 있답니다. 더 간단히 산출하려면 측정한 초 수를 3으로 나누면 대략적인 거리(km)를 알 수도 있어요. 레이더의 강우량 정보로 어느 위치에 있는 적란운에서 발생한 번개인지 알아보고 측정한 값과 비교해 보는 것도 재미있을 거예요.

> **1개알 지식**
> 천둥 번개를 동반한 비가 내릴 때 비를 피하려고 키 큰 나무 아래에 있으면 안 돼요. 나무에 낙뢰가 떨어지면 가까이 있는 사람이나 물건으로 방전이 일어나(측격뢰) 감전되는 일이 발생하거든요. 천둥소리가 들린다면 신속히 건물이나 자동차 안 등으로 대피하세요.

적란운 옆으로 떨어지는 낙뢰.
천둥소리가 들리는 장소에서는 낙뢰를 주의하세요!

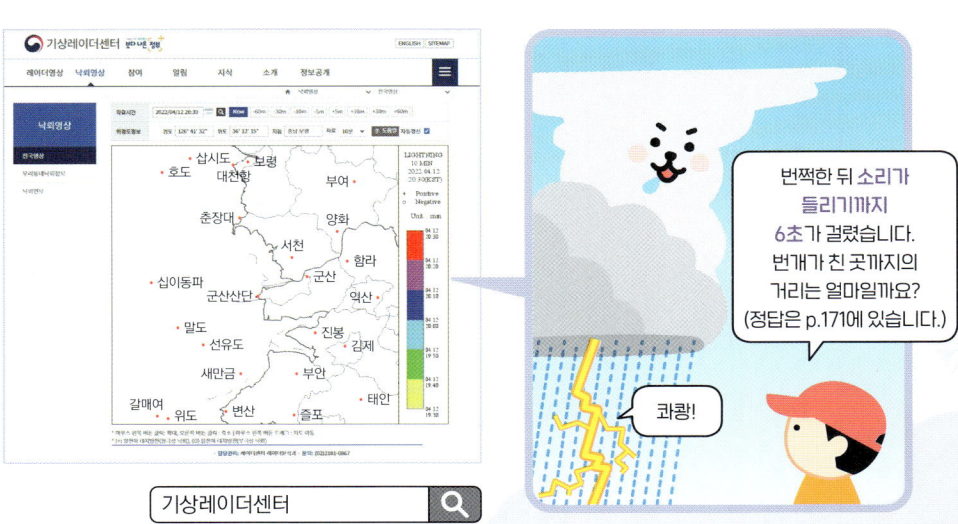

기상레이더센터 🔍

번쩍한 뒤 소리가
들리기까지
6초가 걸렸습니다.
번개가 친 곳까지의
거리는 얼마일까요?
(정답은 p.171에 있습니다.)

콰광!

123

CHAPTER 3

53 토네이도를 만드는 거대 적란운 슈퍼셀

　우리가 살면서 **토네이도**를 만날 일은 일생에 한 번 정도라고 해요. 토네이도는 적란운의 아랫부분에서 깔때기 모양을 한 구름(**깔때기구름**)이 매달리듯 뻗어 나오고 땅에 닿아 격렬한 회전을 하는 회오리를 말해요.

　토네이도는 적운과 적란운 밑에서만 발생하고, 강한 토네이도는 **슈퍼셀**이라 부르는 거대한 적란운과 함께 발생하는 것으로 알려져 있어요. 토네이도는 시계방향과 반시계방향 양쪽으로 회전할 수 있어요. 그러나 슈퍼셀이 동반하는 토네이도는 구름 속에서 반시계방향으로 회전하는 작은 저기압 흐름의 영향을 받아 발생합니다. 그래서 슈퍼셀이 많은 미국에서는 거의 모든 토네이도가 이 저기압과 같은 반시계방향으로 회전한다고 합니다.

　토네이도는 순식간에 집과 차를 날려 버리는 매우 위험한 현상이에요. 만약 구름 아래로 깔때기구름이 나타난다면 언제 토네이도가 발생할지 모르니 즉시 큰 건물 같은 안전한 곳으로 대피하세요.

> **깨알 지식** 토네이도는 평균적으로 9월에 가장 많이 발생하고, 적란운이 발생하기 쉬운 여름부터 가을에 걸쳐 그 발생 수가 증가해요. 단, 동해 쪽에서는 겨울에도 적란운이 발생하기 쉽기 때문에 해안 평야 지역에서는 겨울에도 토네이도가 발생해요.

슈퍼셀 때문에 발생한 토네이도.

적란운에서 차갑고 무거운 하강기류가 지상으로 떨어질 때는 다운버스트 돌풍이 일어나요.

일본 이바라키에서 촬영한 슈퍼셀.

토네이도가 만들어지는 원리

구름의 상승기류가 빨아 당기며 토네이도로 변신!

보통의 소용돌이

스핀 돌기 토네이도

피겨스케이트 선수가 몸을 한껏 움츠렸다가 스핀을 돌며 일어나면 회전이 빨라지죠(운동량 보존의 법칙). 토네이도도 상승기류가 소용돌이를 끌어당기면서 강해집니다.

CHAPTER 3
54

맑은 날 발생하는 회오리바람

맑은 날 학교 운동장 같은 곳에서 흙먼지가 기둥처럼 솟아오르며 소용돌이가 되어 버릴 때가 있죠. 이 소용돌이는 토네이도처럼 보이지만 맑은 날에 발생하는 **회오리바람**이에요. 회오리바람의 정식명칭은 **진선풍**으로 영어로는 더스트데블(dust devil)입니다. 맑은 날에는 지면의 온도가 높아지고, 가벼워진 공기는 하늘로 올라가요. 바람끼리 부딪치면서 생겨난 지상의 소용돌이에 상승기류가 더해지면, 상승기류가 소용돌이를 끌어당기면서 회오리바람이 발생하는 거예요. 회오리바람의 수명은 길어야 수 분 정도로 짧고, 토네이도처럼 시계방향, 반시계방향으로 회전할 수 있어요.

흙먼지 기둥을 만들어 내는 회오리바람.

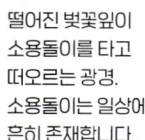

떨어진 벚꽃잎이 소용돌이를 타고 떠오르는 광경. 소용돌이는 일상에 흔히 존재합니다.

1개알 지식
회오리바람만큼 강하지 않아도 다양한 곳에는 소용돌이가 몸을 웅크리고 있어요. 예를 들면 건물 가까이에서는 바람의 방향에 따라 소용돌이가 일어나기 쉬운 곳이 있는데, 낙엽이나 꽃잎의 움직임을 통해 그 장소에 존재하는 소용돌이를 볼 수 있어요.

저기압이 고기압에 눌릴 때 바람이 분다

바람은 왜 부는 걸까요? 정답은 저기압이 고기압의 힘에 눌리기 때문이에요. **저기압**은 기압이 주변보다 낮고, **고기압**은 반대로 주변보다 높은 것을 말해요. 참고로 기압에 기본 수치가 있는 것은 아니에요.

기압은 대기가 사물을 누르는 압력으로 고기압과 저기압이 가까이에 있으면 밀고 밀리기를 반복하다가 힘이 강한 고기압이 이기게 됩니다. 이때 고기압과 저기압 사이에서는 기압이 한쪽으로 쏠리는 **기압경도력**이라는 힘이 작용하면서 공기가 움직이고 바람이 불게 됩니다.

바람이 느껴진다면 어디선가 힘겨루기를 하고 있을 저기압과 고기압을 상상해 보세요.

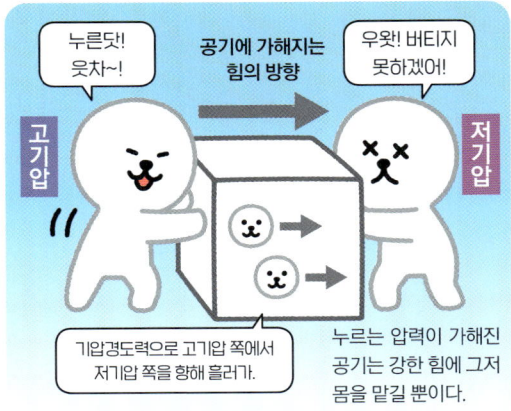

바람이 부는 원리

기압차로 생기는 힘 = **기압경도력**

깨알 지식

맑은 여름날, 낮은 하늘에 뜬 구름의 그림자가 땅에 드리우면 그 움직임이 보일 거예요. 지상 풍속이 초속 3m(시속 약 11km)라면 달려서 그림자를 쫓아갈 수 있을 정도지요. 정오 무렵 육지를 향해 부는 바람이 강해지면 구름의 그림자가 움직이는 속도도 빨라지니까 비교적 구름의 그림자가 느리게 움직이는 오전 중 이른 시간을 택해 쫓아가 보세요!

서쪽에서부터 날씨가 흐려지는 이유

일기예보를 보면 "**서쪽에서부터 날씨가 나빠진다.**"라는 말을 자주 들을 수 있죠. 이 말은 날씨가 서쪽에서부터 흐려진다는 의미로 쓰여요. 이처럼 서쪽부터 날씨가 변하는 이유는 **편서풍**의 영향을 받기 때문이에요.

편서풍은 한국이나 유럽과 같은 중위도 상공에 부는 서풍을 가리켜요. 때때로 뱀이 움직이는 것처럼 남쪽에서 북쪽으로 꾸불꾸불하게 나아가는데, 저기압과 고기압이 이 흐름을 타고 서쪽에서 동쪽으로 이동합니다. 그 때문에 저기압이나 전선이 편서풍을 타고 다가오면 '서쪽부터 날씨가 나빠진다.'라고 하고, 이동성 고기압이 다가오면 '서쪽부터 날씨가 회복된다.'라고 하는 거랍니다.

한국 상공의 편서풍은 겨울에 가장 강하고, 여름에는 북쪽으로 이동하기 때문에 바람이 약해집니다. 여름에는 저기압인 날이 적고, 가을에서 봄에 이르는 기간 동안 저기압인 날이 많은 것은 이런 이유 때문이랍니다. 편서풍은 수일 주기로 날씨를 좌우하지만, 때때로 편서풍의 꾸불꾸불한 움직임이 수일이 지나도록 계속되면 호우나 무더위 같은 이상기상을 일으킬 수 있으므로 일기예보에서는 눈을 뗄 수 없는 존재예요.

깨알 지식 현재 기상청의 레윈존데 관측은 모두 수동으로 하고 있습니다. 간단한 작업 같지만 손으로 하다 보면 30분에서 1시간 정도 소요되기도 하죠. 이 때문에 기상청에서는 고측기상관측기 자동화를 준비하고 있답니다.

온대저기압이 발생하는 원리

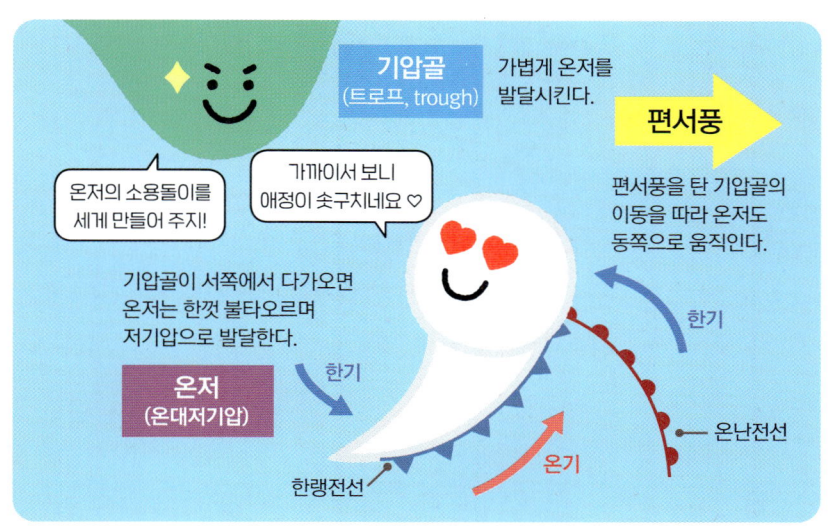

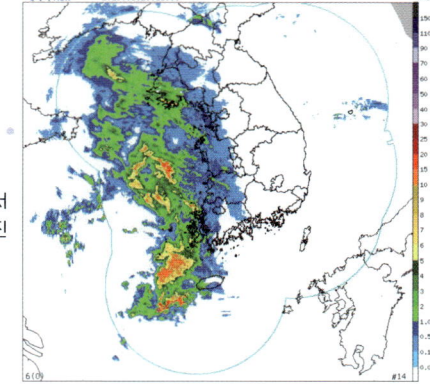

말 그대로 '서쪽에서 날이 흐려지고 있는' 레이더 사진

고층기상 관측의 모습. 기상청에서는 백령도, 흑산도, 제주도, 포항, 북강릉, 창원에서 일 2회 아침 9시, 저녁 9시에 고층기상관측을 하고 있어요. 기구가 나는 위치와 시간으로 상공의 바람을 계산하여 편서풍이 어떻게 불고 있는지를 측정합니다. 관측한 데이터는 기상예보와 구름을 연구하는 데 사용됩니다.

CHAPTER 3
57

태풍이 다가오는 가장 큰 이유

태풍은 열대성으로 적란운이 모여 만들어지는 열대저기압 중에서 최대 풍속이 초속 17.2m를 넘는 것을 말해요. 북서태평양에서 발생하는 것은 태풍, 북대서양에서 발생하는 것은 허리케인, 인도양에서 발생하는 것은 사이클론이라고 부릅니다.

이른 봄 태풍은 저위도에서 발생하여 서쪽으로 움직이지만, 여름에는 발생하는 위도가 높아지기 때문에 7월과 8월 초순에는 중국 연안을 거쳐 우리나라 위쪽으로 진행하는 경향을 보여요. 8월 중순 이후부터는 북태평양 고기압의 세력이 약화되면서 우리나라에 태풍이 자주 북상하기도 하죠. 반면 가을 태풍은 일본 부근의 상공에서 **편서풍**을 타고 오기 때문에 남쪽 해상에서 포물선을 그리듯 태풍이 북상하고, 이웃 나라인 일본을 지나가는 일이 많아요.

태풍은 중심 부근의 최대풍속에 따라 '중' '강' '매우 강' '초강력' 등으로 세력을 분류하고, 태풍 중심으로부터 풍속 초속 15m 이상의 바람이 부는 반경인 강풍 반경에 따라 '소형' '중형' '대형' '초대형'으로 나눕니다. 태풍은 큰비, 폭풍, 높은 파도, 해일과 같은 여러 재해를 일으켜요. 태풍의 접근이 예상되는 때는 대비책을 미리 세우도록 하세요.

> **깨알 지식**
> 태풍은 매년 발생하는 순서대로 번호를 붙입니다. 그 외에 태풍위원회(한국을 포함한 14개국이 가입)가 결정하는 아시아 이름도 140개가 있어요. 한국에서 제출한 이름으로는 개미, 나리, 장미, 미리내, 제비, 노루 등이 있어요. 한국은 태풍 피해가 적길 바라는 마음으로 작고 순하게 생긴 동물 이름이나 식물 이름을 쓴다고 합니다.

2002년 8월 30일 태풍 '루사' 위성 사진   출처: 기상청

월별 대표적인 태풍의 진로(한국 부근)

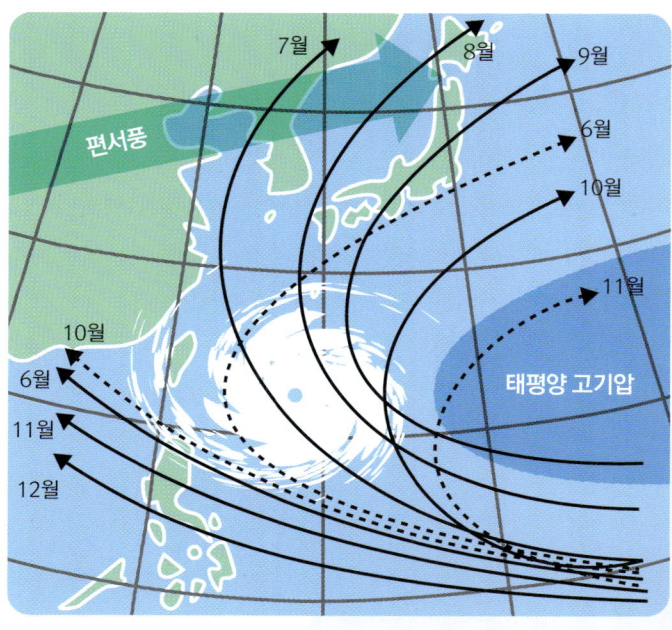

CHAPTER 3
58

인공강우로 날씨가 바뀔 수 있을까?

행사나 여행이 예정된 날, 날씨가 좋았으면 하고 바랄 때가 많죠. 반면에 가뭄이 들 때는 시원하게 비가 내리길 바라거나 크리스마스에는 눈이 오길 바랄 때도 있고요. 옛날에는 비가 내리길 바라며 기우제를 지낸 것처럼 날씨와 관련된 이야기가 전해져 내려오기도 합니다. 그렇다면 과연 날씨는 우리가 바라는 대로 바꿀 수 있는 걸까요?

답은 '**현재의 기술로는 날씨를 바뀌게 할 수 없다.**'입니다. 인공강우, 인공강설과 같은 기술은 기상학의 분야인데요, 대부분 수자원 확보를 목적으로 하고 날씨를 바꾸는 것은 불가능해요. 비와 눈을 내리게 할 정도의 물을 품고 있지만 좀처럼 그 이상 발달하지 않는 상태인 구름에 드라이아이스 등을 뿌려 등 떠밀 듯 비를 내리게 하는 것이 인공강우, 인공강설이기 때문이에요.

과거에 우박과 태풍 등을 제어할 수 있을까 하여 시작한 연구도 있지만, 과학적인 의미를 지닌 결과는 얻을 수 없었다고 해요. 앞으로 꿈꿔 볼 만한 기술이지만 지금 단계에서는 일기예보를 잘 활용하는 것이 최선이랍니다.

> **1깨알 지식**
> 현재 우리나라에서도 미세먼지를 줄이기 위해 인공강우 실험을 하고 있다고 해요. 인공강우는 서해안과 강원도에서 실험되고 있어요. 기상청은 "특정한 날짜에 비를 내리게 할 수 있는 기술을 지금은 보유하고 있지는 않다."라고 설명했답니다.

인공강우, 인공강설의 원리

2008년 베이징 올림픽 개막식에서는 중국 정부가 비구름에 미사일을 쏘아 요오드화은을 살포하여 맑은 날을 만드는 데 성공했다고 발표했어요. 단, 그것이 과학적으로 의미 있는 일인지는 아직 검증되지 않은 듯합니다.

공중에서 요오드화은을 살포해서 인공강우를 만드는 실험

출처: 국립기상과학원

133

CHAPTER 3
59 누구나 언제든지 우주에서 지구를 바라볼 수 있다

스마트폰만 있으면 언제 어디에서나 우주에서 지구를 바라볼 수 있다는 사실을 알고 있나요?

우리나라의 **정지궤도위성** '천리안위성 2A호'는 2분 간격으로 한반도 주변을 관측하고, 10분 간격으로 전 지구를 집중 관측하고 있어요. '국가기상위성센터'에 접속하면 현재부터 과거의 위성 사진을 볼 수 있답니다.

국가기상위성센터에서는 궁금한 구름을 우주에서 내려다보듯 볼 수 있고, 어디에서 온 구름인지 조사할 수도 있습니다. 저기압과 같은 소용돌이구름도 볼 수 있고, 겨울에는 한국의 제주도와 같은 섬에서 바람이 섬을 돌아들며 소용돌이 길을 만드는 **카르만 소용돌이 행렬**도 볼 수 있어요. **신의 시선으로 우주에서 지구 바라보기**를 즐겨 보세요.

> **깨알 지식**
> 우리나라는 봄, 여름, 가을, 겨울 사계절이 뚜렷하고 기상 변화가 다양하죠. 이러한 변화들을 '천리안위성 2A호' 영상을 통해 관측할 수 있답니다. 한반도의 사계절뿐만 아니라 산불, 구름, 눈을 볼 수 있는 '국가기상위성센터'를 검색해 보세요.

제주도의 남쪽 해상에서 **카르만 소용돌이 행렬**이 꿈틀대는 모습.

우울한 날에는 노을이 지는 하늘을 우주에서 바라보세요.

지구 전체를 보면 많은 부분이 구름으로 덮여 있는 것을 알 수 있어요.

우주에서도 확인할 수 있는 황사

한국은 봄이 되면 **황사** 바람이 불어오죠. 황사는 위성 사진에서도 선명하게 나타납니다.

황사는 중국의 타클라마칸 사막과 고비 사막 등 건조한 지역에 강한 바람이 불면서 높은 하늘까지 솟아오른 모래가 지상으로 떨어지는 현상이에요. 황사가 날아오면 하늘이 갈색이 되고 시야 확보가 어려워지면서 교통 상황에 영향을 미치기도 해요. 황사가 심할 때는 지면에도 모래가 쌓이고, 바깥에 세워 둔 자동차와 널어 둔 세탁물까지 더럽힌답니다.

기상청은 황사 관측뿐만 아니라 예측 정보도 제공하고 있어요. 황사 철에는 예측 정보를 잘 활용하여 미리 대비하도록 해요.

황사는 기상 위성을 통해 우주에서 보아도 갈색을 띠고 있어요. 상공의 편서풍을 타고 중국에서 한국으로 날아오고 있습니다.

> **꿀알 지식**
> 황사가 날아오면 모래 외에 대기 오염 물질과 흙 속에 있는 균, 곰팡이 등도 함께 날아올 수 있어요. 그 때문에 알레르기성 콧물, 코막힘이 생기고 꽃가루 알레르기가 심해져 숨쉬기가 어려워지기도 하죠. 황사가 심할 때는 마스크를 꼭 착용하도록 하세요.

우주에서도 확인할 수 있는 산불

세계 각지에서 발생하는 대규모의 **산불**도 우주에서 볼 수 있어요.

산불이 발생하면 대량의 연기(스모크)가 발생해요. 이 연기를 우주에서 보면 회색으로 보이는데, 하얀 구름과는 확연히 다르게 구분된답니다. 실제로 이 연기에 덮인 하늘은 땅에서 보면 잿빛과 붉은빛을 띤 색으로 물들어 있어요. 러시아에서 발생한 대규모의 삼림 화재 연기가 일본으로 흘러간 일도 있었습니다.

위성에서는 산불의 발생 장소도 알 수 있어요. 산불은 고온, 건조한 날씨가 계속되면 발생하기 쉬운데요, 최근에는 지구온난화로 인해 큰 산불이 증가하는 추세랍니다.

산불 연기가 흘러가고 있는 모습 (주황색 원). 빨간 점은 위성에서 감지한 열의 중심으로 산불이 난 장소예요. 러시아의 빨간 점 지역에서 잿빛 연기가 동해로 흘러나와 일본 홋카이도 부근에 걸려 있는 것을 볼 수 있습니다.

> **깨알 지식**
> 세계 각국의 기관은 정지기상위성 이외에도 극궤도위성을 운용하고 있습니다. 극궤도위성은 남북 극지방을 지나 적도를 큰 각도로 가로지르는 궤도를 돌고 있어요. 'worldview.earthdata.nasa.gov'를 검색하면 다양한 극궤도위성 사진을 볼 수 있답니다.

기후를 변화시키는 지구온난화

기후에 관심이 없어도 **지구온난화**라는 말은 자주 들어 보셨을 거예요. 아마 일상생활에서는 변화를 실감하지 못할지도 몰라요. 그러나 지구온난화는 확실히 지구의 기후를 변화시키고 있어요.

현재의 지구는 지난 125,000년을 통틀어 가장 따뜻한 상태예요. 지구온난화는 '지구 기온과 해수온이 상승하고, 빙하와 빙상이 축소되는 현상으로 평균적인 기온뿐만 아니라 **극단적인 고온과 호우, 심한 가뭄 증가** 등 다양한 기후 변화를 초래하고 있어요. 1880~2012년 지구 평균 기온이 0.8℃ 상승한 반면 1912~2017년 한반도는 약 1.8℃ 올랐습니다(출처: '한반도 기온 상승, 세계 평균의 2배 2100년 해수면 1.1m 높아져', 매일경제, 2021).

지구온난화의 원인은 인간 활동에 따른 이산화탄소 등의 **온실가스 증가**로 추정하고 있어요. 가끔 지구온난화가 정말로 진행되고 있는지 의심하는 사람도 있지만, 관측 사실을 토대로 했을 때 지구온난화는 진전되고 있는 것이 확실합니다. 지구온난화는 우리 한 사람 한 사람에 관련된 일이니 지구를 지키기 위해서 이산화탄소 배출량 감소에 힘써야 합니다.

> **깨알 지식**
> 가정에서 실천할 수 있는 온난화 대책으로는 에어컨 설정 온도를 조절함으로써 전력 소비를 줄이거나 애초에 전력 소비가 적은 제품(LED 전구 등)으로 교체하는 방법이 있어요. 또한 태양광 발전 등을 도입하는 '에너지 전환'도 도움이 된답니다.

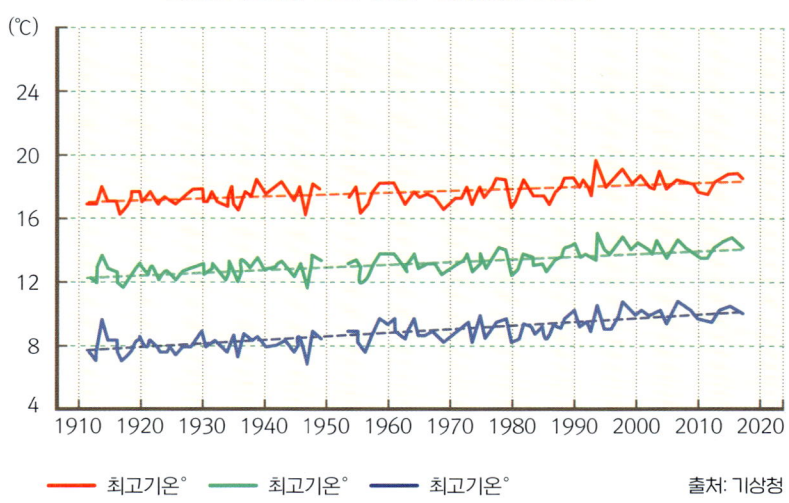

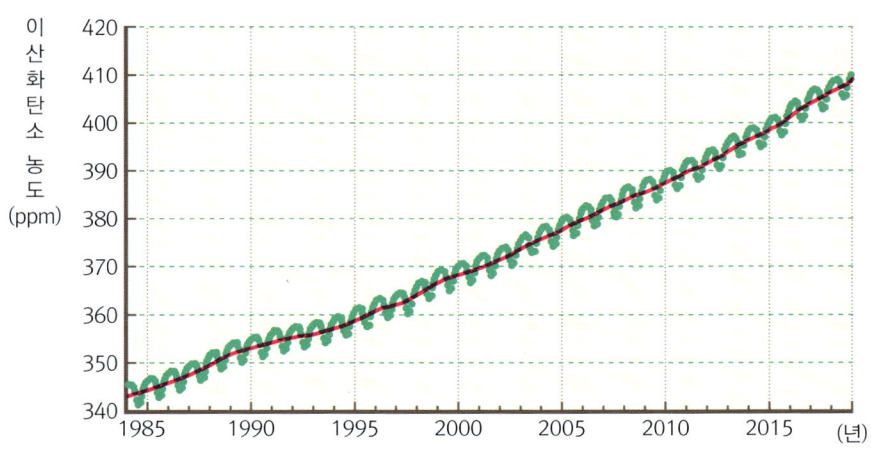

한반도에 폭염과 집중호우가 늘고 있다!

지구온난화가 우리들의 생활에 미치는 커다란 영향 중 하나는 **극단적인 큰 비와 폭염이 늘고 있다**는 점이에요.

기상청에서 발표한 〈한국 기후변화 평가보고서 2020〉에 의하면 1970년도 이후 한반도의 폭염 발생 빈도, 강도, 지속성은 꾸준히 늘고 있으며 특히 열대야는 뚜렷하게 증가하고 있다고 해요. 2001~2010년 한국의 평균 강수량은 지난 30년 동안 약 7.4% 증가했으며 특히 여름철에 급격히 늘었습니다. 대신 봄과 겨울에는 강수량이 적어 가뭄이 증가했다고 합니다. 장마 강수량의 최댓값이 나타나는 시기는 예년에 비해 일주일 정도 빨라졌고, 태풍의 강도도 증가했고요.

컴퓨터 시뮬레이션을 통해 지구온난화의 영향을 조사한 연구에서는 온난화에 따른 호우의 강우량이 증가하고 있는 가능성이 있다는 결과가 나왔어요. 또한, 최근 폭염은 지구온난화가 아니라면 발생할 수 없다는 결과도 나와 있습니다. 우리는 앞으로 더욱 많이 발생할 기후 이상 현상에 대해 항상 대비할 필요가 있어요.

> **깨알지식**
> 벚꽃의 개화 시기가 빨라지는 등 지구온난화는 동식물의 생태에도 영향을 끼치고 있어요. 미래에는 쉽게 볼 수 있었던 동식물이 사라지고 반대로 본 적 없는 동식물을 더 많이 보게 될지도 모릅니다.

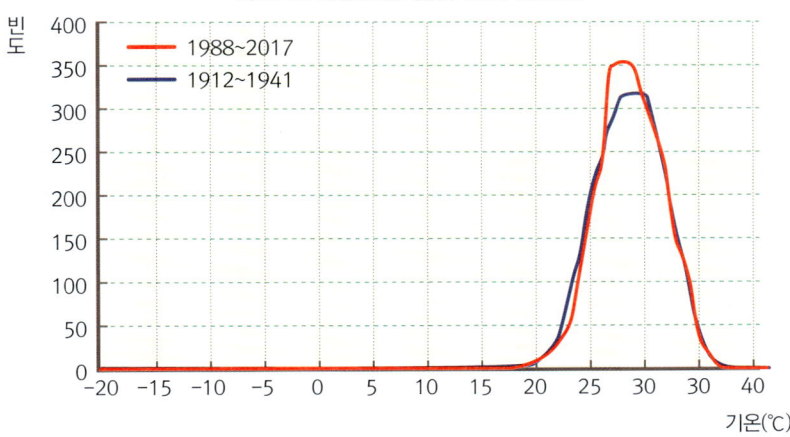

여름 일 최고기온 발생 빈도 그래프

연간 기온 극한현상일수의 평균과 변화(1912~2017)

구분	평균	변화경향 (/10년)	최근 30년 – 과거 30년	최근 10년 – 최근 30년
여름일수(일)	101.9	+1.21*	+9.0 (99.2 → 108.2)	+4.3 (108.2 → 112.5)
열대야일수(일)	6.7	+0.93*	+7.0 (3.6 → 10.6)	+3.1 (10.6 → 13.7)
폭염일수(일)	9.3	-0.03	+0.4 (9.3 → 9.7)	+0.9 (9.7 → 10.6)

구간별 강수량의 평균과 변화(1912~2017년)

구분	평균	변화경향 (/10년)	최근 30년 – 과거 30년	최근 10년 – 최근 30년
1~9.9mm	178.4	-0.24	-2.1 (178.1 → 176.0)	+3.3 (176.0 → 179.3)
10~29.9mm	360.3	+1.05	+10.2 (353.0 → 363.1)	-9.6 (363.1 → 353.6)
30~79.9mm	440.7	+6.87	+54.1 (408.9 → 463.0)	-34.4 (463.0 → 428.6)
80~149.9mm	172.6	+7.54*	+63.9 (146.2 → 210.1)	-9.4 (210.1 → 200.7)
150mm~	73.9	+1.4	+0.4 (82.3 → 82.7)	-10.1 (82.7 → 72.6)

출처: 국립기상과학원

CHAPTER 4

놀라운 날씨 이야기

우리들의 생활은 날씨에 좌우된다고 말할 수 있을 정도로
매일 일기예보를 확인하는 사람이 많죠.
일기예보에서 사용되는 용어와
일상생활에서 사용되는 날씨에 관한 말들의 의미를 알아 두면
지금보다 더욱 날씨와 친해질 수 있을 거예요.

CHAPTER 4

맑을 때 구름의 양은 얼마나 될까?

하얀 구름이 떠 있는 푸르른 하늘을 올려다보면 왠지 마음도 푸르게 맑아지죠. 이 맑음은 정확히 하늘의 어떤 상태를 말하는 것일까요?

날씨는 비와 구름과 같은 대기 현상과 구름으로 보는 대기의 종합적인 상태를 일컫는 말이에요. 즉, 비와 눈이 내리지 않는 날의 날씨는 구름을 기준으로 선택되는 거랍니다.

하늘 전체에서 구름의 비율을 **운량**이라고 해요. 운량은 정수(0에서 10까지)로 표시되지만, 이에 더해 1에 도달하지 못하지만 0도 아닌 상태를 '0+', 10에 도달하지 못했지만 거의 10에 가까운 상태를 '10-'로 표현해요.

운량이 0~2 사이일 때는 '맑음'이라고 하며, 3~5일 때는 '구름 조금', 6~8일 때는 '구름 많음', 9~10일 때는 '흐림'으로 분류합니다.

맑은 날에 운량이 어느 정도인지 하늘을 올려다볼까요?

깨알지식 날씨를 좌우하는 대기 현상은 크게 4종류입니다. 비와 구름 등의 '대기수상', 모래와 흙 등이 하늘을 떠다니는 '대기지상', 빛으로 무지개 색이 만들어지는 '대기광상', 번개 등의 '대기전기상'이 있어요.

운량 7의 **구름 많은** 하늘. 날씨를 관측할 때는 여러 방향을 살펴봅니다.

운량 1의 **맑은** 하늘. 머리 위와 반대편 하늘에 구름이 거의 없습니다.

운량 10-의 **흐린** 하늘. 권층운이 퍼져 있어 햇무리도 나타났습니다.

CHAPTER 4

65 일기예보에서 사용하는 기온은 고도 1~2m이다

일기예보에서는 각 지역의 최신 정보로 기온이나 예상 기온을 전달합니다. 이 기온은 사실 고도 1~2m 높이의 기온입니다.

기상청에서는 백엽상과 자동기상관측망(AWS)이라는 시스템을 이용하여 고도 약 1.5m에 설치된 기기를 사용해 기온을 관측합니다. 이에 따라 일기예보에서도 고도 1~2m의 기온을 계측하고 예상하는 것입니다.

단, 맑고 바람이 약하면 고도 1~2m보다 낮은 높이의 기온은 크게 달라집니다. 지면이 태양열을 흡수하거나 반사하면서 온도가 변하기 때문입니다. 그래서 한여름 낮에는 지면에 가까울수록 뜨겁고 맑은 날의 아침은 발이 시려울 정도가 되는 것입니다.

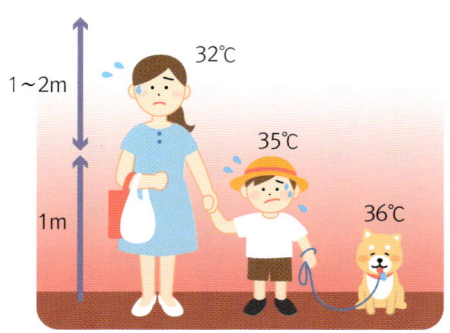

일기예보의 기온이 32℃일 때 지면 온도는 더 높다.

깨알 지식 여름에 최고 기온이 35℃ 이상 오르는 폭염에는 도로와 같은 지면(p.98)뿐만 아니라 차 안의 온도도 60℃까지 올라 매우 위험합니다. 직사광선이 내리쬐는 부분은 80℃ 가까이 되니 주의를 기울여 주세요.

1헥토파스칼은 오이 하나의 무게와 같다

기상학에서는 공기가 물체를 누르는 압력인 **기압**의 단위로 **헥토파스칼**(hPa)을 사용합니다. 이렇게 말하면 막연하게 느껴지죠? 무게로 생각해 봅시다. 1hPa은 손바닥(10cm 정사각형) 위에 오이 하나(100g)를 올려놓은 무게와 같아요.

그렇게 생각한다면 지상의 기압은 1기압(1,013.25hPa) 전후이기 때문에 우리는 오이 약 1,000개 정도의 무게와 같은 압력 속에서 생활하고 있는 것이죠. 놀라운 상황이지만 몸의 내부에서도 같은 힘으로 압력을 밀어내고 있으므로 우리는 압력에 눌리지 않고 살 수 있답니다.

기압은 고도가 10m 높아지면 약 1헥토파스칼 작아진다.

지상(0m)에서 높이 220m인 서울타워 전망대에 있다면, 몇 hPa기압이 떨어지는 걸까요? (정답은 p.171에 있습니다.)

1hPa
오이 100g

1기압= 1,013.25hPa

오이 1,013개의 무게

개알지식

기압과 같은 날씨의 영향으로 몸이 아프다고 느끼는 '날씨통'을 앓는 사람이 많죠. 하지만 일상적인 기상의 변화와 생활 환경(고층 아파트 등)에 의해서도 기압은 크게 달라져요. 몸이 아픈 걸 단순히 날씨 탓이라고 단정할 수는 없으니 꾸준히 건강을 관리하도록 해요.

CHAPTER 4
67

하루 중 기온이 가장 높은 때는 오후 2시 무렵

공기의 온도인 **기온**은 하루 동안에도 시간대에 따라 크게 변화해요. 지상의 기온이 태양 빛에 강하게 영향을 받기 때문이에요.

서울의 기온을 매시간 측정해 보면 기온이 가장 높아지는 때는 오후 2시경입니다. 태양이 하늘에서 가장 높은 곳에 위치하는 남중시각은 정오 12시 전후이고, 이때 태양으로부터 지표면이 받는 빛이 가장 강해집니다. 지상의 기온은 고도 약 1.5m에서 관측되지만 지표면에서 이 높이에 열이 전해지는 데는 시간이 걸리기 때문에 시간차를 두고 최고 기온에 도달하는 것입니다.

태양이 기울어 가면 지상이 받는 빛도 약해지면서 점점 기온이 내려가요. 맑은 날 야간에는 지표면의 열이 하늘로 날아가는 **복사냉각**이 일어나고, 낮과 밤의 기온이 뒤바뀔 때도 있어요. 일기예보를 보면서 오늘은 기온이 어떨지 확인해 보세요.

> **깨알 지식** 일출·일몰 시각은 장소와 계절에 따라 달라져요. 대략 경도 기준 1° 동쪽으로 나아갈 때마다 4분씩 시간이 빨라집니다. 이 때문에 국내에서도 지역마다 일출과 일몰 시각이 다르답니다.

낮과 밤에 기온이 변하는 원리

도쿄의 시간대별 평균기온(0시 기준 차이 / 2020년)

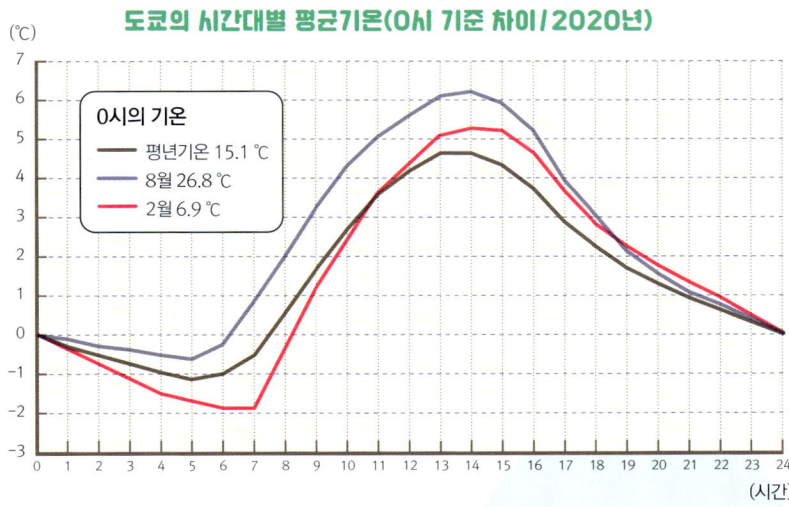

0시의 기온
- 평년기온 15.1 ℃
- 8월 26.8 ℃
- 2월 6.9 ℃

※ 계절별로 매시간 달라지는 온도의 변화를 설명하기 위해 일본 자료로 대체합니다.

CHAPTER 4
68

비 냄새에도 이름이 있다

맑은 날이 이어지다가 오랜만에 비가 내리는 날에는 특유의 냄새가 느껴지기도 하죠. 흙냄새 같기도 하고, 그리운 냄새 같기도 하고, 차분해지는 냄새 같기도 한 이 냄새에는 이름이 있어요.

그 이름은 바로 **페트리코**예요. 페트리코는 비가 내리지 않는 날이 오래 이어진 뒤 드디어 비가 내릴 때 지면에서 올라오는 냄새를 뜻하는 말로, 그리스어로 '돌의 정수(essence)'라는 의미예요. 페트리코는 식물에서 분출하는 기름이 건조한 지면의 흙과 돌의 표면에 묻고, 비가 내릴 때 그 기름이 공기 중으로 분출되면서 발생한다고 추정되고 있어요.

게오스민이라는 흙 속 세균이 만드는 물질과 번개에 의해 발생하는 오존도 비 냄새의 원인 중 하나라고 해요. 오존은 그리스어로 '고약한 냄새'라는 뜻이랍니다.

비가 내리기 직전에도 이 냄새가 나는 이유는 가까운 곳에서 비가 내리면서 퍼지는 페트리코가 바람에 실려 왔기 때문이에요.

깨알 지식 "도시 사람은 시골 사람보다 비 냄새를 맡기 어렵다."라는 말을 하죠. 도시는 지표면이 아스팔트나 타일로 덮여 있어 페트리코와 게오스민이 발생하기 어려워요. 그래도 공원처럼 흙이 있는 곳이라면 비 냄새를 맡을 수 있어요.

비 냄새를 느껴 봐요!

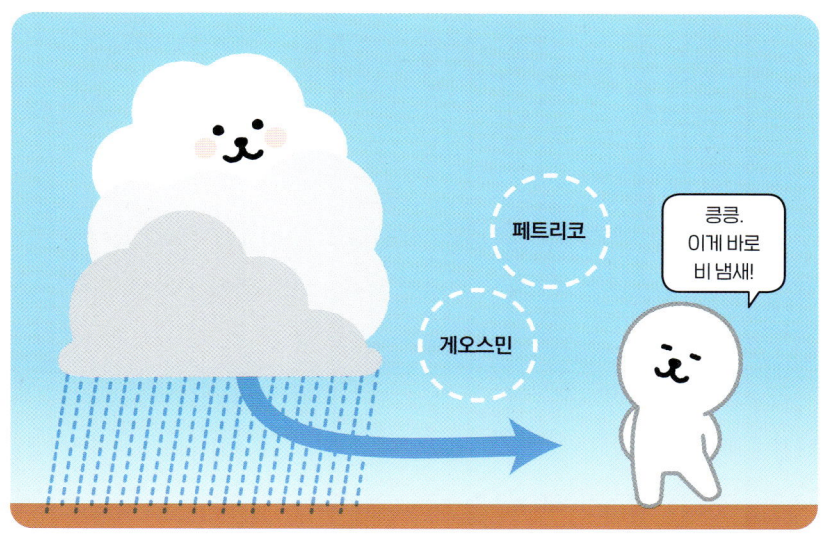

가까운 곳에서 국지적으로 비가 내리면 비 냄새를 맡을 수 있어요.

CHAPTER 4
69

강수확률 100%가 큰비를 의미하지는 않는다

일기예보에서 '강수확률 100%'라는 말을 들으면 어떤 날씨를 상상하게 되나요? '100%의 힘으로 내리는 비, 억수처럼 내리는 큰비'를 상상할 수 있어요. 그러나 강수확률 100%라는 말이 반드시 큰비가 내린다는 의미는 아니에요.

강수확률은 예보의 대상 지역에서 '강수량 1mm 이상의 비나 눈이 내리는 확률'을 뜻하는 말로 일기예보에서는 10% 단위로 표현해요. 강수확률이 30%라면 '같은 기상 상황이 100번 있을 경우, 대략 30번 정도는 1mm 이상의 비나 눈이 내린다'는 뜻이랍니다.

강수확률이 클수록 큰비가 내리는 것이 아니라 비의 강약에 상관없이 **비가 내리기 쉬우면 강수확률이 높아져요**. 대기의 상태가 불안정할 때는 강수확률이 30%라도 적란운이 발달하고 좁은 범위에서 억수 같은 비가 내릴 때도 있답니다. 강수확률을 정확히 이해하면 우산을 챙기는 데 도움이 되겠지요?

> **깨알지식**
> 일기예보는 물리학의 식을 기본으로 슈퍼컴퓨터를 이용해 앞으로의 대기 상태(바람과 기온 등)를 계산하며 만들어요. 그러나 현재 대기 상태의 작은 오차가 시간이 갈수록 증폭되어 예상치 못한 결과를 낳는 카오스의 성질을 갖고 있기 때문에 일기예보가 맞지 않을 때가 있는 거랍니다.

실제 날씨와 강수확률

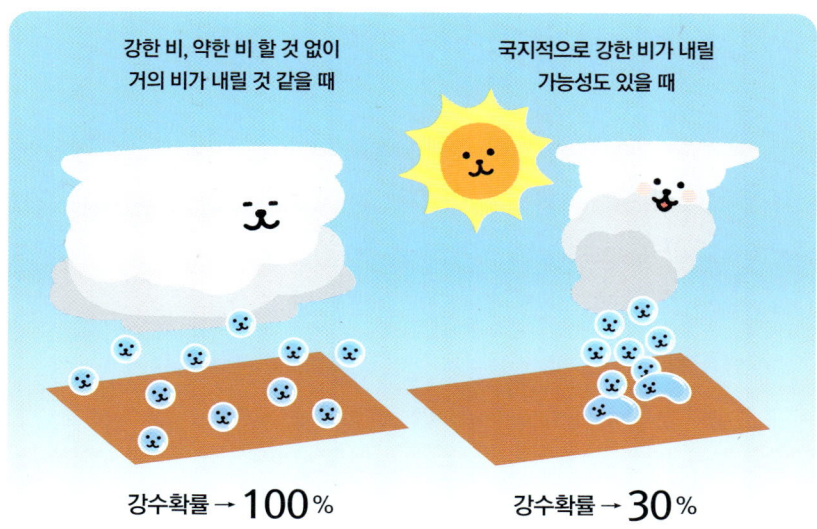

일기예보의 예

CHAPTER 4
70
1시간에 내린 100mm 비의 무게는 얼마일까?

'1시간에 100mm의 비'라고 하면 어떤 상황이 떠오르나요? 큰비가 내릴 거라고 짐작하지만, 구체적으로 떠올리기는 어렵죠. 물의 무게를 예를 들어 설명해 볼게요.

강우량(우량)은 내린 비가 '흘러가지 않고 그대로 저장되었을 때의 물의 깊이'를 뜻합니다. 1시간에 100mm의 비라고 하면 10cm 깊이의 물이 모일 만큼 비가 내렸다는 뜻이죠. 바닥 면적이 $1m^2$인 정사각형이라고 했을 때 물의 무게는 100kg입니다. 체구가 큰 씨름 선수의 체중이 100kg이라고 할 때 1시간에 100mm의 비는 $1m^2$인 사각형 면적에 1시간에 1번 큰 체구의 씨름 선수 1명이 떨어지는 것과 같은 무게가 됩니다. 큰비가 내릴 때는 수십 km^2에 걸쳐 엄청난 비가 내리죠. 이는 하늘 전체를 커다란 씨름 선수들이 덮고 있는 것과 같아요. 얼마나 위험천만한 상황인지 짐작이 되나요?

실제 비는 씨름 선수와 다르게 낮은 땅과 하천으로 흘러가 땅속으로 침투하게 됩니다. 1시간에 내리는 100mm의 비는 대규모의 홍수와 산사태 등의 재해로 직결되는 매우 위험한 비라는 것이지요.

> **1개알 지식**
>
> 지금 우리가 있는 장소의 하늘이 맑다 해도 계곡이나 하천의 상류에서 큰비가 내리면 급격하게 하천의 수위가 상승하여 위험해질 때가 있어요. 계곡이나 하천에서 물놀이를 할 때는 그 장소뿐만 아니라 하천 상류의 날씨도 확인해야 합니다.
>
> 강수량: 비·눈·우박·안개 따위로 일정한 곳에 내린 **물의 총량**
> 강우량: 일정 기간 동안 일정한 곳에 내린 **비의 총량**
> 강설량: 일정 기간 동안 일정한 곳에 내린 **눈의 총량**

CHAPTER 4

71

2m 적설량의 무게는 체구가 큰 씨름 선수 6명분!

겨울에는 전국 각지에서 눈이 내리고 때로는 엄청나게 많은 눈이 내리는 날도 있어요. 울릉도에서는 12월 한 달 동안 내린 누적 적설량이 2m가 넘은 적도 있답니다. 그럼 2m의 눈이 어느 정도의 무게일까 생각해 볼까요? 새로 쌓인 눈은 눈이 쌓인 깊이(**적설심**) 1cm당 1mm의 강수량으로 환산하지만, 실제 눈이 쌓이면 위로 쌓이는 눈의 무게로 인해 눌리기 때문에 적설심 1cm당 3mm의 강수량 무게와 같게 됩니다.

눈이 2m가 쌓이면 $1m^2$당 체구가 큰 씨름 선수(100kg)가 6명(600kg) 모인 것과 같아요. 길이 6m 정사각형 집의 지붕 전체에 쌓여 있다고 한다면, 총 216명의 씨름 선수(21.6t)가 지붕 위에 올라가 있는 거죠.

눈의 무게를 생각한다면 눈이 많이 내리는 지역에서는 부지런히 건물 지붕에 쌓인 눈을 치워야 해요. 눈사태가 얼마나 위험한지 우리 모두 알고 있으니까요.

> **깨알 지식**
>
> '눈에 빙수 시럽을 뿌리면 맛있을 것 같아.' 이런 상상을 하며 실제 눈을 먹어 본 기억이 있는데요, 추천할 수 없는 맛이었습니다. 눈은 대기 중의 먼지와 함께 내리기 때문에 오염되어 있어요. 그러니 빙수는 냉장고의 깨끗한 얼음으로 만들어 먹길 바랍니다.

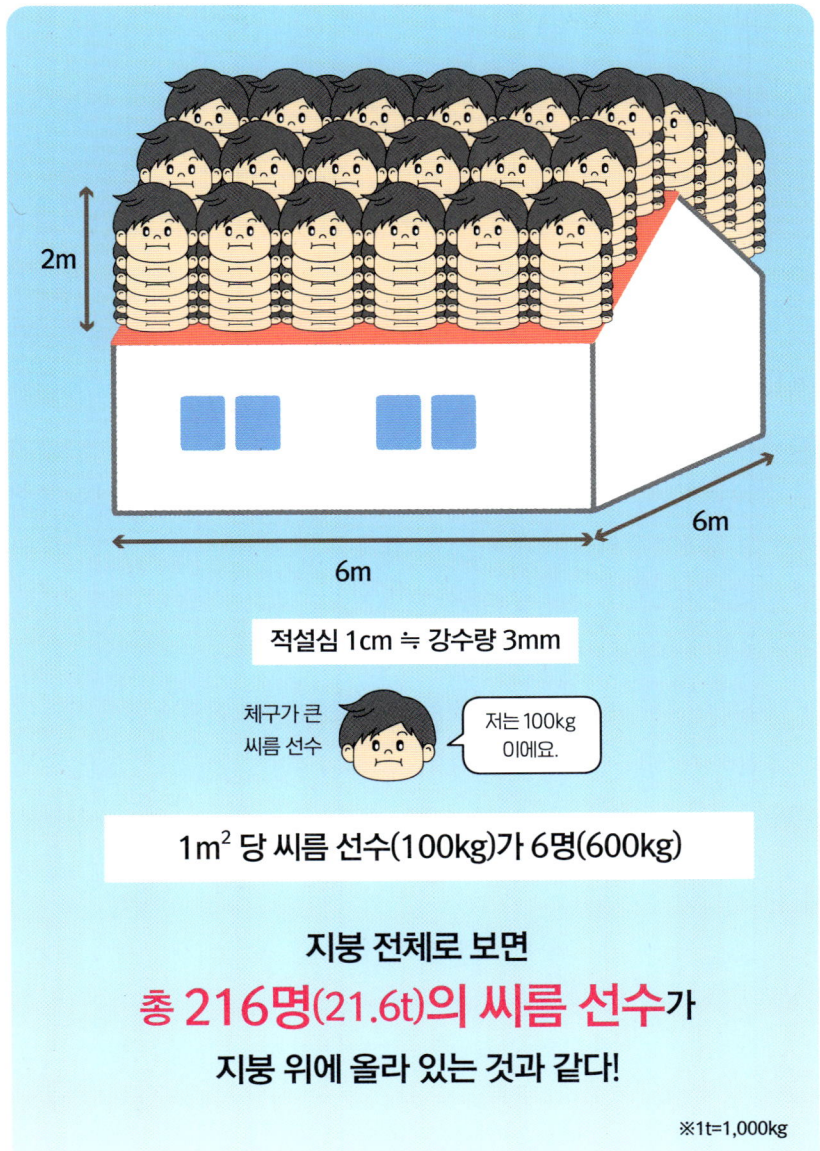

CHAPTER 4

72 태풍예보에서 원의 크기는 태풍의 크기가 아니다

열대저기압이 태풍이 될 것으로 예상될 때와 태풍이 이미 발생했을 때 기상청에서는 태풍 정보를 발표해요. 이때 태풍의 예상 진로를 어떻게 이해하면 좋은지 간단히 설명해 보겠습니다.

우선 **예보 원**의 크기를 볼까요? 이 원은 태풍의 크기를 나타내는 게 아니라 '예상된 시각에 태풍의 중심이 있을 확률이 70%인 곳'을 표시하는 거예요. 바꿔 말하면 예보 원의 바깥으로 태풍의 중심이 올 확률이 30%가 된다는 것을 의미하고, **예보 원이 클 때는 예상 진로가 변하기 쉽다**고 해석할 수 있어요. 반대로 예보 원이 작을 때는 높은 확률로 태풍이 그 진로대로 나아갈 것이라 짐작할 수 있는 거죠. 또한 진로를 예상할 때 보게 되는 선은 태풍의 진로가 아니라 예보 원의 중심을 이은 거랍니다.

태풍의 진로와 세기는 예보 기술이 발전한 현대에도 오차가 많이 생겨요. 그러니 태풍이 접근할 때는 태풍 예보를 계속 확인하며 대비하는 것이 중요합니다.

깨알지식
발달한 태풍은 평균 풍속 초속 25m 이상의 바람이 부는 폭풍영역권을 따라 중심 부근의 최대 순간 속도가 초속 70m(시속 252km)에 달할 때도 있어요! 태풍이 통과할 때 태풍의 눈에 들어가면 바람이 약해지지만 바로 반대 방향에서는 폭풍이 불어닥치므로 주의해야 합니다.

태풍 정보를 읽는 방법

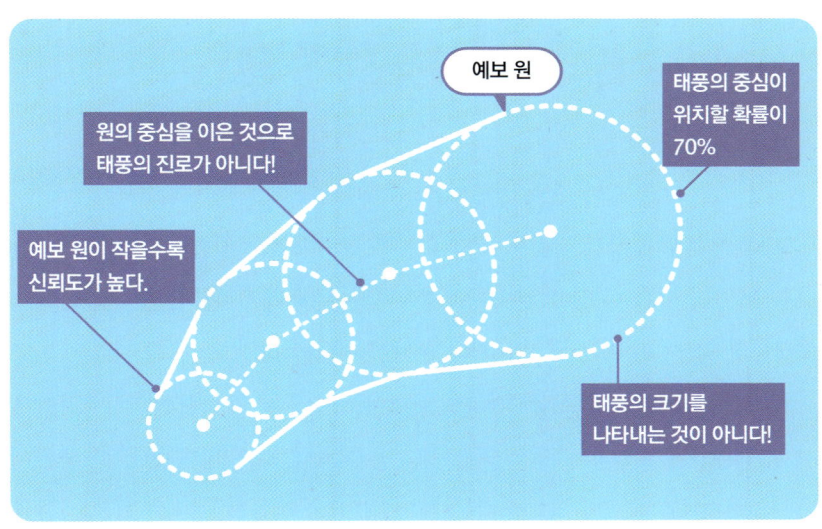

태풍 이동 경로

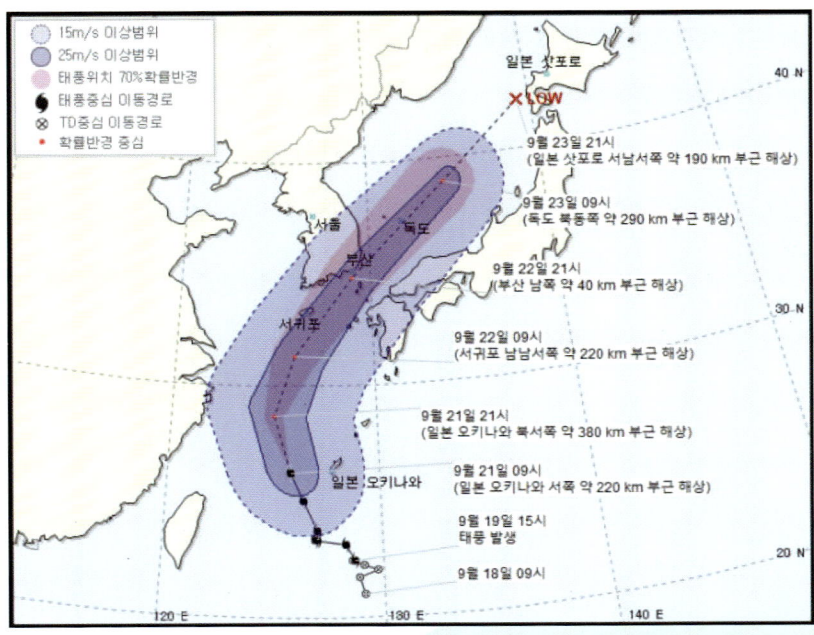

태풍 정보에서는 태풍 예상 진로와 세기를 발표해요. 태풍의 진로 예보와 함께 예보 방송도 체크해야 합니다.

CHAPTER 4

73 태풍이 온대저기압이 되면 바로 약해진다고?

"태풍이 온대저기압으로 변했으니까 이제 비바람이 약해지겠네." 기상 정보를 보면서 이런 말을 해 본 적 있나요? **태풍은 온대저기압이 된 뒤에도 다시 태풍으로 발달**할 수 있으니, 절대 안심해서는 안 됩니다.

태풍은 따뜻한 해수면에서 올라오는 수증기 등에 의해 발달합니다. 한국 부근까지 북상하면 해수면의 수온이 낮아져서 바다로부터 공급받는 수증기가 줄어들고 쇠약해지지만, 북쪽에서 차가운 공기의 영향을 받으면 차가운 공기와 따뜻한 공기의 경계면에서 전선을 동반하는 **온대저기압**으로 바뀌게 돼요.

태풍과 온대저기압의 차이는 구조와 발달하는 원리뿐이고, 중심 기압과 바람의 세기로는 구별할 수 없어요. 온대저기압은 상공의 서풍과 기압골(기압이 낮은 부분)의 영향으로 발달하고, 태풍이 온대저기압이 된 뒤에 더욱 발달하는 경우도 많이 있답니다. 온대저기압이 되면 강한 바람의 범위는 태풍일 때보다 넓어지고, 큰비와 토네이도 같은 돌풍의 위험도 있어요. 이 때문에 태풍이 완전히 사라질 때까지는 주의를 기울여야 해요.

깨알 지식 태풍의 눈은 기압이 낮아 태풍의 중심으로 향하는 힘이 회전하고 있는 힘과 충돌하면서 바깥쪽으로 향하는 원심력과 균형을 이루며 생겨요. 발달한 온대저기압과 차가운 공기 속에 생긴 저기압도 태풍의 눈과 같은 구조를 가질 수 있어요.

태풍과 온대저기압의 차이

온대저기압
- 넓은 범위의 바람이 강하다.
- 이동이 빠르다.
- 차가운 공기와 따뜻한 공기 사이에 있다.

태풍
- 중심 부근의 바람이 강하다.
- 이동이 느리다.
- 주위가 대체로 따뜻하다.

2021년 2월 16일의 온대저기압을 촬영한 사진. 발달한 온대저기압의 구름은 쉼표 모양(,)이 되어요.

2020년 일본 남쪽 해상에서 발달한 태풍 사진. 소용돌이치는 태풍이 눈을 크게 열고 맹렬한 기세로 세력을 키우는 걸 볼 수 있어요.

CHAPTER 4

74 날씨에 관한 거짓과 진실

"하늘을 보고 날씨를 예상할 수 있으면 좋겠다."라는 말을 들을 때가 있어요. 하늘과 구름을 보면서 날씨의 변화를 예상하는 것을 **관천망기**라고 하는데, 약간의 지식이 있다면 누구나 할 수 있답니다.

관천망기에는 예부터 사람들의 입에서 입으로 전해지는 이야기도 있고, 동물의 행동을 보는 등 과학적인 근거를 찾기 어려운 내용도 있어요. 하지만 구름과 하늘에 관해 전해지는 관찰 이야기들은 과학적으로 뒷받침할 수 있어서 믿을 만한 것들이 많이 있답니다. 대표적으로는 **태양과 달에 빛의 띠가 걸리면 비가 온다**는 말이 있는데, 이 빛의 띠는 엷은구름(권층운)이 나타날 때의 햇무리(p.68)예요.

이런 예측을 할 수 있는 건 서쪽에서 저기압이 다가올 때에 높은 하늘은 습기가 높아 권층운이 나타나기 쉽기 때문이에요. 저기압이 다가오지 않을 때도 햇무리가 나타날 수 있지만, 햇무리가 나타난 뒤부터 점점 구름이 두꺼워지면서 권층운에서 고층운, 난층운으로 변화하고 비가 내리는 일이 많아요.

구름의 변화에 관심을 가진다면 더욱 날씨를 예상하기 쉬워질 거예요.

깨알 지식 햇무리는 저기압에 의해 비가 내리기 전 반나절이나 하루 반나절 전에 생겨요. 일기예보에서 '서쪽부터 날씨가 흐려진다'라고 하면, 타이밍을 예상하면서 하늘을 올려다보세요. 햇무리를 볼 수 있을 거예요.

이 햇무리는 하늘에 얇은구름(권층운)이 있고 습도가 높다는 증거. 이때부터 구름이 두꺼워지면서 날씨가 흐려질 가능성이 높아요.

태양 주위에 걸린 빛의 띠(햇무리).

한랭전선과 온난전선에 함께 나타나는 구름

서쪽에서 저기압과 전선이 다가오면 권층운이 하늘에 퍼지면서 햇무리가 나타나고, 구름이 두터워지면서 비가 내린다.

CHAPTER 4
75

구름을 보면 날씨의 급변을 예상할 수 있다

'일기예보가 있는데 관천망기(하늘을 보고 기상 변화를 예측하는 일)는 필요 없지 않아?'라고 생각해 본 적 있나요? 그렇지 않답니다. 적란운은 현대 기술로도 정확하게 예측하기 어려워서 **관천망기를 통해 날씨가 급변하는 모양**을 미루어 알아볼 수 있어요.

날씨가 급변할 것을 알려 주는 구름 중 하나가 **두건구름**이에요. 두건구름은 성장하고 있는 웅대적운의 꼭대기 위에 나타나고, 그 후 적란운이 발달할 것

웅대적운의 머리에 생긴 **두건구름**.

두건을 뚫고 구름이 더욱 발달해요.

깨알 지식

두건구름과 유방구름 모두 레이더를 통해서 관찰하기 쉬운 구름이에요. 서쪽 하늘에 적란운이 발달하고, 모루구름이 넓게 퍼지고 있다면 유방구름을 관찰할 수 있는 기회랍니다. 웅대적운 꼭대기에서 두건구름을 발견한다면 두건을 뚫고 성장하는 모습도 관찰할 수 있어요.

이렇게 진한 털구름(권운)의 정상에는 한계까지 성장한 적란운이 있어요.

모루구름의 밑바닥에 생긴 **유방구름**.

을 예고하는 구름이랍니다. 맑은 하늘에 **모루구름**이 보이거나 진한 털구름(권운)이 하늘에 퍼지면, 앞으로 적란운이 한계까지 발달할 가능성이 높아요. 하늘에 퍼져 가는 구름의 밑부분에 혹 같은 구름이 나타난다면 주의해야 해요. 이것은 **유방구름**으로 때로 적란운이 나아가는 방향으로 나타나기도 해요. 맑은 하늘이 갑자기 어두워지고 돌연 차가운 바람이 분다면 날씨가 급변하는 중이니 주의해야 합니다.

이런 구름들을 발견한다면 우선 레이더의 강우량 정보에서 적란운의 위치와 움직임을 확인하세요. 그리고 적란운이 오기 전에 안전한 건물 안으로 이동하길 바랍니다.

CHAPTER 4
76 적란운의 등장을 예고하는 키워드

　날씨의 급변을 미리 알려면 구름과 하늘의 변화, 레이더의 강우량 정보를 확인하는 것이 효과적이에요. 하지만 하루 종일 하늘과 레이더를 보고 있을 수는 없겠죠? 이럴 땐 어떤 키워드에 집중하는 방법을 추천해요.

　첫 번째 키워드는 **대기의 상태가 불안정하다**입니다. 적란운은 대기 상태가 불안정할 때 발생하므로(p.38), 일기예보에서 이 말을 사용한다면 적란운이 발생한다고 예상할 수 있어요.

　그 외에 **지역에 따라 낙뢰**나 **토네이도**라는 말도 날씨의 급변을 예고하는 키워드에요. 낙뢰와 토네이도도 적란운과 함께 오기 때문이랍니다. 현대 기술로는 적란운을 한 번에 정확히 예측하기가 어렵지만, 발생하기 쉬운 상황을 예측하는 것은 가능하니 이와 같은 키워드를 통해 낙뢰주의보 등을 여러분에게 전달하고 있어요.

　키워드를 알고 있으면 일기예보에서 말하지 않은 날씨의 급변 때문에 비에 흠뻑 젖는 일도 방지할 수 있어요. 만약 위의 키워드를 들었다면 평소보다 하늘 모습을 더욱 주의 깊게 살펴보도록 해요.

> **깨알지식** 대기 상태가 불안정하여 재해가 발생할 위험성이 높을 때 일기예보에서 "대기의 상태가 매우 불안정하다."라는 말을 사용해요. 이 키워드를 들었다면 만반의 대비가 필요해요.

석양에 물든 적란운.

맑은 하늘에 발달하며 상승하고 있는 적란운. 대기 상태가 불안정하기 때문에 이 구름이 보이는 지역에서는 날씨가 급변할 가능성이 있어요.

대기의 상태가 불안정해지는 조건

지상에서 낮은 하늘까지 따뜻하고 습한 공기가 유입

적란운이 발생하기 쉬워진다.

수증기

상공에 한기가 유입

적란운이 발달하기 쉬워진다.

167

맺는 말

우리의 마음은 날씨에 따라 크게 달라져요. 투명하게 맑고 푸른 하늘을 보면 마음도 맑아지고, 비 갠 하늘에 나타난 선명한 무지개다리는 감동을 선사하죠.

하늘은 우리에게 마법처럼 아름다운 풍경을 보여 주지만, 한편으로는 커다란 기상재해를 일으키기도 해요. 하늘과 구름에 대해 충분히 알아 두고 날씨와 친하게 지내보세요. 지금보다 훨씬 더 많이 아름다운 하늘을 발견하는 것은 물론, 재해로부터 우리 자신과 소중한 사람의 목숨을 지킬 수 있을 거예요.

하늘을 보며 날씨를 예상하는 걸 '관천망기'라 한다면 하늘과 구름의 마음을 느끼고 즐기면서 날씨의 변화를 예상하는 일은 '감천망기'라 불러요. 이 책을 읽고 마음에 드는 구름과 하늘, 기상, 날씨에 관해 친구와 가족에게 알려 주세요.

하늘과 구름에 대한 사랑을 키우고, 이를 여러 사람과 공유한다면 한층 더 하늘과 구름에 대한 애정이 깊어질 거예요. 이 책이 여러분에게 충만한 날씨 생활을 보낼 수 있는 계기가 된다면 저자로서 그보다 더한 기쁨은 없답니다.

• 아라키 켄타로 •

*찾아보기에 표시된 쪽 번호는
중요한 곳만 선별하여 넣었습니다.

찾아보기

ㄱ

가시광선	26
감천망기	168
거꾸로무지개	70
거스트프론트	42
게릴라성 호우	112
게오스민	150
계단형 선도	120
고등어구름	18, 20
고적운	16, 74, 76, 78, 92
고층운	16, 162
골든아워	86
공기저항	102
과냉각	46
과잉무지개	62
관천망기	162
광륜	78
광환	76
구름 입자	15, 28, 110
구름 입자 붙은 결정	106, 118
구멍구름	46
국가기상위성센터	134
권운	16, 20, 50
권적운	16, 21, 46, 71
권층운	16, 21, 71, 162
귀환뇌격	120
극궤도위성	137
글로리	78
기단	42
기상레이더	40, 64
기상예보사	58
기압	50, 127, 147, 160
기압경도력	127
기압골	129, 160
깔때기구름	124
꼬리구름	46

ㄴ

낙뢰	120, 122, 166
난층운	16, 110, 162
날씨통	147
내리바람	45
너울구름	49
높쌘구름	18, 19
높층구름	18, 19, 21
뇌운	21, 120
눈 결정	104, 108
눈구름	18, 21, 40

ㄷ

대류권	38
대류권계면	38
대일점	61
더스트데블	126
돌풍	42
돌풍전선	42, 113
두건구름	164
땅거울	98
뜬섬현상	98

ㄹ

레윈존데	128
레일리산란	80, 82, 90
렌즈구름	44, 48
렘브란트광선	92
로켓구름	54
로터구름	45

ㅁ

말굽소용돌이구름	49
매직아워	86
멀티셀	112
모닝글로리클라우드	42
모루구름	37, 38, 164
물고기구름	16, 46, 71, 74
물구름	17
뭉게구름	15, 49
미(mie)산란	26

169

ㅂ

박명	86
박명광선	92, 94
반박명광선	57, 95
밭고랑구름	19
변이구름	23
변종	22
복사냉각	148
복사무	55
봉우리구름	34
부무지개	60
부변종	23, 24
분자	80
붉은무지개	66
브로켄현상	78
블루모멘트	88
블루아워	89
비 입자	15, 102
비너스벨트	86
비늘구름	21
비행운	39, 50, 56
빛내림	92

ㅅ

삼극구조	120
삼림운	52
삿갓구름	44
상위신기루	96
상층운	16
새털구름	20
선도그(sun dogs)	72
선상강수대	114

성층권	38
셀(cell)상대류	30
수증기	28
수평무지개	70
슈퍼셀	124
스모크	137
스콜	112
스콜선	114
습도	28, 50, 110, 163
시각도	62
시뮬라크르현상	12
신기루	96, 98
실바	52
싸라기	116

ㅇ

아스페리타스	49
아지랑이	30, 96
아크	68, 70, 72
아크클라우드	42
안개	55
안개구름	19, 24
안개무지개	66
야곱의 사다리	92
야광운	39, 54
양떼구름	17, 20, 74, 92
얼룩구름	19
얼음구름	17, 68, 70
에어로졸	28, 32, 46, 90
여우비	66
열대류	30
열대저기압	130, 158
엷은구름	68, 71, 162

예보 원	158
오버슛	38, 113
오존층	39
온대저기압	129, 161
온실가스	138
외접무리	68
우량	154
우박	116
운량	144
웅대적운	21, 34, 164
유방구름	165
유전구름	23
육풍	42
응결핵	28
이류무	55
인공강우	132
인공구름	50
입도운	34

ㅈ

적란운	16, 36
적설심	156
적운	16, 21
전선	42, 114, 128
전하	120
전하분리	120
종	22
주무지개	60
중층운	16
지구온난화	137, 140
지진운	56
진선풍	126
진주모운	39

집중호우	114, 140	털구름	16, 20, 50, 165	항적운	29
		토네이도	124	해무	55
		틴달(tyndall)현상	92	해풍	42
				헤일로	68
				헥토파스칼	147

ㅊ

채운	74			혼합운	17
측격뢰	122			화분광환	76
층운	16, 20, 55		ㅍ	화살형 선도	120
층적운	16, 20, 163	파두운	48	화염구름	25
		파레이돌리아현상	12	화재운	52
		파장	26	환수평호	70
		편서풍	128, 130, 136	환일	72
		폭염	140	환천정호	70

ㅋ

카르만 소용돌이 행렬	134	폭포운	52	황사	90, 136
카오스	152	폭풍영역권	158	회오리바람	126
카타락타	52	표면장력	102	회전구름	44, 56
켈빈-헬름홀츠 불안정	48	프렉터스	48	회절	66, 74, 78
큰비	152	피라미드햇무리	68	후방생성	114
				흰무지개	66

ㅎ

하강기류	30, 49, 52, 113
하위신기루	96, 98
하층운	16

ㅌ

태평양 고기압	130
태풍	130

퀴즈 정답

p.5　35개(분홍색 20, 하늘색 15)
P.109　① 나뭇가지 ② 부채 ③ 판 ④ 판 장구 ⑤ 골격이 보이는 기둥 ⑥ 판 붙은 포탄
p.123　2,040m(약 2km)
p.147　22hPa

171

옮긴이 오나영

일본에서 건축실내설계를 전공하고 건축회사에서 인테리어 디자이너로 일했다. 2009년 귀국 후 건설회사에 재직하며, 광고회사 및 IT 회사 임원들의 일본어 교육과 시놉시스 번역 및 기업체 기획 행사를 통해 통번역자로 활동을 시작했다. 건축회사에서 나와 핸드크래프트 생활용품숍 '까사라이크'를 운영하면서 우연히 접하게 된 자작나무 껍질 공예에 매료되어 본격적으로 배운 후 한국에 처음 소개하는 역할을 했다. 2017년 우리나라 최초로 자작나무 껍질 공예 공방 카나비요르크를 열었고, 현재 자작나무 껍질 공예 수업과 더불어 북유럽의 핸드크래프트의 동향을 소개하는 일에도 주력하며, 한국 자작나무 껍질 공예 협회를 이끌고 있다. 역서로 『내일도 따뜻한 햇살에서』, 『기적의 시력회복법』, 『잇 뷰티 스타일』, 『10초 아침 청소 습관』, 『나에게 와줘서, 정말 고마워』, 『날씨도감』 등이 있다.

하늘에서 얼음이 떨어진다고? 무지개의 끝은 어디일까?
신비롭고 재미있는 날씨 도감

초판 1쇄 발행 2022년 6월 13일
초판 5쇄 발행 2024년 6월 10일

지은이 아라키 켄타로

대표 장선희 **총괄** 이영철
책임편집 정시아 **교정교열** 정여름
기획편집 현미나, 한이슬, 오향림
디자인 양혜민, 최아영 **외주디자인** ALL designgroup
마케팅 최의범, 김경률, 유효주, 박예은
경영관리 전선애

펴낸곳 서사원 **출판등록** 제2023-000199호
주소 서울시 마포구 성암로 330 DMC첨단산업센터 713호
전화 02-898-8778 **팩스** 02-6008-1673
이메일 cr@seosawon.com
네이버 포스트 post.naver.com/seosawon
페이스북 www.facebook.com/seosawon
인스타그램 www.instagram.com/seosawon

ⓒ 아라키 켄타로, 2022

ISBN 979-11-6822-061-4 73400

- 이 책은 저작권법에 따라 보호를 받는 저작물이므로 무단 전재와 무단 복제를 금지합니다.
- 이 책 내용의 전부 또는 일부를 이용하려면 반드시 저작권자와 서사원 주식회사의 서면 동의를 받아야 합니다.
- 잘못된 책은 구입하신 서점에서 바꿔 드립니다.
- 책값은 뒤표지에 있습니다.

서사원은 독자 여러분의 책에 관한 아이디어와 원고 투고를 설레는 마음으로 기다리고 있습니다.
책으로 엮기를 원하는 아이디어가 있는 분은 이메일 cr@seosawon.com으로 간단한 개요와 취지, 연락처 등을 보내주세요. 고민을 멈추고 실행해보세요. 꿈이 이루어집니다.